谨以此书献给我逝去的父亲、健在的母亲，
以及为楼宇经济发展一起努力的人们！

夏效鸿 著

楼宇经济
十年

ZHEJIANG UNIVERSITY PRESS
浙江大学出版社

图书在版编目（CIP）数据

楼宇经济十年 / 夏效鸿著. — 杭州：浙江大学出版社, 2020.5

ISBN 978-7-308-20059-2

Ⅰ.①楼… Ⅱ.①夏… Ⅲ.①房地产经济－经济发展－研究－中国 Ⅳ.①F299.233

中国版本图书馆CIP数据核字(2020)第032854号

楼宇经济十年

夏效鸿　著

策　　划	杭州蓝狮子文化创意股份有限公司	
责任编辑	杨　茜	
责任校对	杨利军　许晓蝶	
封面设计	水玉银文化	
出版发行	浙江大学出版社	
	（杭州市天目山路148号　邮政编码310007）	
	（网址：http://www.zjupress.com）	
排　　版	杭州兴邦电子印务有限公司	
印　　刷	杭州钱江彩色印务有限公司	
开　　本	880mm×1230mm　1/32	
印　　张	7.375	
字　　数	190千	
版 印 次	2020年5月第1版　2020年5月第1次印刷	
书　　号	ISBN 978-7-308-20059-2	
定　　价	58.00元	

是句号，也是逗号

　　"为人性僻耽佳句，语不惊人死不休。"很早以前，我就想出版一部有关楼宇经济的可读性强、受众面广的书，展现我在17年的楼宇经济研究中跑遍所有省会城市、副省级城市、部分地级城市的所见、所闻、所思、所感，可一直都被耽搁了下来。然而，这种想法一刻都没有停止过，正如我对楼宇经济的观察、思考、研究、推动始终没有停止过一样。

　　俄罗斯白银时代最卓越的天才诗人奥西普·曼德尔施塔姆曾说过，"历史的目的就是把时间收集到一起，从而让所有的人都在对时间的同一探求和征服中成为兄弟和伙伴"。应该说，我是楼宇经济的思考者、研究者，是楼宇经济发展的参与者、见证者，甚至从某种角度来说，我应该也算得上是一位楼宇经济不知疲倦的引领者、不遗余力的推动者。因此，将自己对楼宇经济的见解、观点系统地呈现出来，就变得更有意义了。经过一年多的归纳、提炼、整理，今天终于如愿以偿地成书付梓，也算是了却了自己的一桩心愿吧。

楼宇经济作为一种新的经济现象和经济发展模式，从21世纪初上海、深圳、北京、广州等一线城市的繁星点点，到重庆、杭州、南京、武汉、青岛等沿江沿海城市的紧随其后，再到长沙、南昌、昆明等三、四线城市的竞相追随，转眼间已在轰轰烈烈中走过了10多个春秋。这10多年间，楼宇经济从无到有、从小到大、从弱到强，似一股风暴席卷了一二三四线城市。经济史家保罗·贝洛赫在《城市与经济发展》中发出了感叹，"这世界上没什么事情比城市的兴起更令人着迷了……没有城市，人类的文明就无从谈起"，我觉得也可以套用一下这句话，在"城市经济就是楼宇经济"的今天，如果没有楼宇经济的兴起，城市的魅力、活力、实力也无从谈起。

纵观楼宇经济10多年的发展历程，有成功的经验，也有失败的教训；有正面的典型，也有反面的案例；有可以借鉴的经验，也有值得反思的问题。虽然楼宇经济发展对城市发展的推动和贡献有目共睹，但在其欣欣向荣、蓬勃发展的背后，也隐藏着一些深层次的问题，让人隐隐担忧。这种隐忧来自经济、社会、人文、生态等多个领域，如产业结构问题、金融风险问题、政府负债问题、生态环境问题、文化传承问题等。

"窥一斑而知全豹。"从某种程度上说，楼宇经济发展中出现的问题只是一个缩影，折射出的却是中国经济发展中的问题。这些问题中，有些是多年累积下来的，如同滚雪球般越滚越大；有些犹如藏在水下的礁石，不留意是看不见的……楼宇经济的大船要想安全地行驶，必须设法避开这些礁石，否则就会对船体造成损伤。

200多年前，启蒙思想家大卫·休谟说过："尽管人是由利益支配的，但是利益本身以及人类的所有事务是由观念支配的。"正如一场精彩的比赛，离不开卖力的运动员，也离不开公正的裁判员，更离不开理性的观众，而决定一场比赛最终效果的，是这些运动员、裁判员、观众共同的理念和为之付出的行动。究竟我们参加比赛是为了赢得胜利，还是为了兴趣，抑或是为了友谊？也许，所处的角色不同、所站的位置不同，人们的理念也会不一样。因此，解决经济社会发展中出现的深层次的矛盾和问题，首要的措施在于理念的"重塑"。而答好"理念重塑"的答卷，政府官员要认真思考三个问题：是怀着"玉米剥一截吃一截"的心态还是"功成不必在我"的心态？是信奉"车到山前必有路"还是"不把问题留后人"？是想取得经济上的"单兵突进"还是想实现经济、社会、人文、生态上的"整体突围"？对这些问题的不同回答，直接反映着官员的施政理念，也直接影响着其治下区域的经济社会发展结果。

也许人们会问，在楼宇经济发展中政府该扮演什么样的角色？"互联网＋"对楼宇经济发展有哪些影响？楼宇"去库存化"该如何推进？楼宇经济"1.0时代"与楼宇经济"2.0时代"到底有哪些不同……对于这些深层次的问题，许多地方政府都有过一些思考和应对。但实事求是地说，尽管花了一些心思、费了一番力气，但政府执行的效果却并不理想，有些是"新瓶装老酒"，有些是"抓灰掩火"，有些是"按下葫芦浮起瓢"……总之，还有许多需要改进、值得探讨的地方。

著名经济学家、野三坡中国经济论坛名誉主席吴敬琏在2018年9月召开的第三届野三坡中国经济论坛上指出："中国经济社会处于转型时期，我们面临的问题非常多，有很热烈的讨论，也有很多成果。但是往往流于现象层面的讨论，就事论事，对于基本问题、对于问题的本质缺乏透彻的理解，因此没有形成一些大家都能够认可的共识。因为基本问题没有弄清楚，也就不能从根本上解决问题。比如说，到底城市化的功能是什么？这个问题没有深入地讨论，所以对于城市规模问题，就很难用一套经济学的共同语言来进行辩驳。"的确，对于城市，我们还有许多缺乏答案的考题、还有许多需要研究的课题、还有许多有待破解的难题。作为研究者，我们都应该有责任、有使命、有担当地为此付出自己的努力。

对于楼宇经济而言，无论是一线城市发展的2005—2015年，还是二、三线城市发展的2008—2018年，楼宇经济发展所走过的10年历程，成就都是相当惊人的。楼宇经济从"1.0时代"向"2.0时代"迈进的10年，也是我潜心投身楼宇经济深度研究的10年。10年来，透过冷冰冰的楼宇，我以局内人的身份、局外人的视角看经济、看社会，虽只能算一名"土郎中"，比不上大家的视野，却折射出了当今社会具有忧患意识的底层心声；个中见解也许会有些不中听，甚至可能会有些刺耳，但可以肯定的是这些观点绝不是愤青之言，也不是发牢骚，更非妄议，大家可权当其是逆耳之忠言、苦口之良药。

我觉得，对于每一个人来说，无论你是贫穷还是富裕，也不管你是健康还是虚弱，其实在你的生命中真正需要保留的只有三样东西：你的经历、真正的朋友、内心的沉淀。当今社会，是一个浮躁的社会，"快餐文化"盛行，就现象指责现象的人多，真正静下心来思考问题的人少；"打一枪换一个地方""挂羊头卖狗肉"的人多，真正帮忙出主意、想点子的人少。其实，每一个希望自己的家乡、希望自己的城市、希望自己的国家好起来的人，都应该勇敢地站出来，把脉问诊，"吾日三省吾身"，"防患于未然"。

什么是专家？我的定义是：你不懂我懂，我就是专家；你懂得少，我懂得多，我就是专家；你知其然，我知其所以然，我就是专家。专家的观点未必是对的，也未必是一时就能被人理解的，更不会是所有人都能接受的，但专家的话肯定应该是真诚的，专家抛出的论点务必要建立在一定的论据基础之上。我一直秉持这样的理念。

我人微言轻，不管书中观点、见解的对与错，权当一家之言、一孔之见。虽然我不敢保证我说的都是对的，但我敢保证我说的都是真的。因为我的观点都是建立在我17年来走遍上千幢楼宇进行调查研究的基础上的。我有些担忧的是，在别人高唱"赞歌"的时候，我却在"虚热"中泼上了几瓢冷水，显得有些"另类"和"不合时宜"，也许这就是我的冷静与定力吧。"横看成岭侧成峰"，换个角度看看也是好事。因为有些问题不是每个人都能看得到、听得到的，更不是每个人都能想得到的。

毕竟，浮躁的社会中能真正静下心来思考问题的人并不多。然而，不管你听与不听、看与不看、想与不想，这些问题总会实实在在地摆在那里，回避不了。犹如阿Q头上的"癞疮疤"，不让动、不让碰，用几撮长头发盖住是解决不了问题的。因此，本书中的观点不管中听不中听、正确不正确，有一点是可以肯定的，那就是"儿不嫌母丑"，"儿子"对"母亲"的那种爱是不容置疑的。我今天说她"不是人们口中说的那样漂亮"，并不是嫌弃她，相反，是更爱她，是为了让她活得更漂亮、更精彩。不管"母亲"怎样看我，我都坚定地维护"母亲"、支持"母亲"、保护"母亲"，始终做一名忠实的"鼓手"和"坐在路边鼓掌的人"。

宰相必起于州部，猛将必发于卒伍，优秀的项目经理必拔于工地。古往今来，大凡有见地、有思想的人都不会是脱离实践的"坐而论道"者，也不会是随大流的"人云亦云"者，更不会是亦步亦趋的"邯郸学步"者，而只会是时刻保持"众人皆醉我独醒"这一状态的人。我崇尚这样的状态。本性、党性、职责要求我们要有忧国忧民之心，要"知无不言、言无不尽"，并从利于城市、地区、国家发展的角度建言献策。我之所以敢斗胆说出心里的想法，当一次《皇帝的新装》中的那个"小男孩"，最终还是源于内心深处始终未曾泯灭的"良知"，这应该是出于农家子弟身上的那种纯朴、率真、善良的本质吧。因为打小时候起，父亲母亲就一直教导我要说真话、办实事！

我一直觉得，人的一生应该这样度过：在 20 岁时做"加法"，多经历、多感受、多体会，了解自己想要的和不想要的；在 30 岁时做"减法"，剔除不想要的，专注想要的，提高人生的品质；在 40 岁时做"除法"，看淡别人的毁誉，无论当面的还是背后的，都要一笑而过。

20 世纪最有影响力的作家之一、1982 年诺贝尔文学奖得主加夫列尔·加西亚·马尔克斯曾说过："文字有一个极大的好处，它是水平和无限的，它永远不会到达某个地方，但是有时候，会经过朋友们的心灵。"从这个意义上说，虽然这本书的视角是微小的，但至少它是真实的；虽然是非主流的，但至少它是鲜活的。如果能让读者产生共鸣，启发读者作更深层次的思考，那它就已实现了我的初衷，也算是"抛砖引玉"了。

2019 年 7 月 1 日于钱塘江畔

目 录

09

楼宇经济『未来已来』：从高速增长到高质量发展

楼宇经济1.0时代：
"群雄逐鹿"

从某种意义上说，城市经济就是楼宇经济。

——夏效鸿

20世纪80年代，随着房地产业的兴起，许多大中城市的马路两边、街道两侧零星建起了办公楼，最初这些办公楼都是一家家企业为解决自己的办公需求，由自己建设，为自己所用的，多余部分才出租给熟人、朋友用于办公，适当收取点租金。这时的楼宇处于为解决零星办公需求而形成的楼宇出租、楼宇销售阶段，并没有上升到"经济"的层面。严格地说，这还不是真正意义上的楼宇经济的雏形。

20世纪90年代，随着市场经济的发展，深圳、上海等地涌入了许许多多的外地创业者，原有的公司扩大经营、新生的公司如雨后春笋般出现，这样势必会新增大量的办公需求，需要更多的商务楼宇来容纳和承载。深圳、上海本就是资源紧缺型的城市，尤其是缺乏土地资源、空间资源，而深圳、上海又恰恰是改革开放之初涌入外来创业人口最多的城市。土地资源的紧缺使过去粗放式、平铺式的发展难以为继，只能向空中求发展、向空间要效益。于是，许多以解决办公需求为目的的纯商务楼宇应运而生。渐渐地，深圳、上海这样的大城市在一幢幢拔地而起的高楼大厦中不断地长高、长密，甚至出现了许多"欲与天公试比高"的摩天大楼。而随着时间的推移，这样的城市变得越来越多。

21世纪初期开始，这种以商务楼宇为载体，集中资源、集聚产业、集约空间，从而带动周边乃至区域整体经济发展的新的经济形态开始在上海、深圳等一线城市兴起，给城市发展带来了可观的税收、就业、管理、资本、人才、服务等，从而产生了一连串的经济效益、社会效益、人文效益、生态效益。我们给这种新的经济形态取了一个名字，叫作"楼宇经济"。

楼宇经济是个"舶来品"

楼宇经济，在国外与之相对应的概念是中央商务区（Central Bussiness District，CBD）。20世纪20年代，美国最早提出"中央商务区"的概念。20世纪五六十年代，先是美国的纽约、芝加哥、洛杉矶，后是其他西方国家和日本的一些大城市陆续开始规划、开发CBD，到80年代，世界各地基本形成了一批风格迥异的CBD，东京新宿、巴黎拉德芳斯、新加坡南岸、法兰克福金融区、卢森堡金融区等，相继成为世界上比较典型的中央商务区。

CBD是大城市现代服务业最密集、城市景观最繁华、经济发展最迅速的地段。无论是20世纪50年代形成的纽约曼哈顿，还是20世纪80年代的日本新宿、巴黎拉德芳斯、新加坡南岸区、德国法兰克福金融区等，这些风格迥异的CBD实际上已成为一种以第三产业为主体的城市功能区，成为区域经济独领风骚的一道风景。我国三大经济增长热点区域珠江三角洲、长江三角洲和京津冀（环渤海）地区中的少数中心城市，

CBD建设在改革开放后才开始起步。珠江三角洲以广州、香港、深圳三个经济中心为主，向"港—深"组合型CBD形式发展；长江三角洲地区正在形成以上海为中心，杭州、南京为辅助的半扇形经济辐射区；京津冀地区以北京作为中心城市，在天津—塘沽设立港口贸易型CBD，形成"双子型"网络。

与国外重点研究CBD不同，楼宇经济是国内20世纪90年代末期提出的一个新名词。楼宇经济中的"楼宇"（Building），最早是指土木建筑类的建筑物。从广义上说，楼宇包含了商业、商务、商贸、商住（办公和居住在一起）的场所，主要有商务楼宇、商业楼宇、城市综合体、科研楼宇（含科技孵化器）、用于出租或出售的工业标准厂房、保护建筑、农居SOHO（Small Office，Home Office，居家办公）等；狭义上仅指商务、商贸公司的办公场所，即写字楼。目前，国内对楼宇的定义基本上都是从狭义角度提出的，一般是指城市内占地面积较小、容积率较高、建筑面积较大并用于经营的商务楼和工业楼。

"楼宇"在旧上海被称为"写字楼"，这个称呼一直流行到现在。但当年的"写字楼"不仅仅是指商务楼，而是包含了所有的非体力劳动的场所。真正把现代的楼宇概念引入中国，是改革开放之后的事。改革开放以来，我国经济社会的快速发展引来无数外资企业的竞相入驻，加上"世界500强"企业战略重心的转移、国内中小企业的蓬勃发展、民营经济的日益强大等因素，推动了楼宇的需求量增长。尤其是中国加入世界贸易组织以后，随着商贸、旅游、文化、市场的逐步开放，商业分销、中介服务、文化娱乐等行业对楼宇的需求不断增加，为楼宇发展提供了无限商机。

几乎每个城市都面临着同样的问题：越是中心城市，土地资源越紧张，发展楼宇经济的需求就越迫切。这也是为何总是中心城区、核心城区成为楼宇经济最先发展和繁荣的区域。如上海的静安区、广州的越秀区、重庆的渝中区、杭州的下城区等。相较于城市中心，城市近郊虽缺乏先天的商务氛围和集聚效应，但受益于城市中心空间受限、城市版图不断扩大、交通愈发便利等因素，企业外溢效应明显，发展楼宇经济具有相当的市场基础。因此，这些区域常常成为楼宇经济的"第二波区域"。伴随而来的，是政府将大量的土地项目规划为商用办公项目，而SOHO创意产业园、绿色生态办公、商务公园（Office Park）等新产品也相继进入人们的视线。

楼宇经济：都市中的"经济森林"

现代楼宇作为城市的标志、载体和名片，其现代符号、都市色彩、国际元素在推介、服务城市的同时，也代表着城市的时尚、品位、繁华，成为衡量一个城市经济活力、形象魅力、发展竞争力的"风向标"。可以说，一座楼宇就是一个"垂直的开发区"，一个楼宇集群就是一片"经济森林"。而这一片片的"经济森林"，正是城市中人才、产业、文化、管理、服务等元素最集中的栖息地，也是城市中车流、人流、物流、信息流最密集的区域，从而会成为城市中的最亮点和最繁华地带。

最早提出发展楼宇经济的，当属上海静安。那时的静安区还没有与闸北区合并，仅是一个面积为7.65平方公里的小城区。而就是在这么一块小小的土地上，却矗立着230多幢商务楼。环球世界大厦、三五大厦、嘉里商务中心早已声名远播，中信泰富、恒隆广场、梅陇镇广场更被人们誉为南京西路的"金三角"。早在2001年，上海静安区就诞生了第一幢"亿元楼"，这应该也是全国第一幢"亿元楼"，被沪上媒体惊叹地称为"嘉里现象"。到了2008年，静安区就有11幢楼宇税收过亿元，国泰君安大楼、恒隆广场、中信泰富、梅陇镇广场分别创税24.75亿元、10.59亿元、4.84亿元、1.74亿元。也就是在那个时候，入驻静安区商务楼的企业税收已突破了全区税收总量的四成。

要说"亩产效益"最高的城区，恐怕应该算深圳的福田区了。福田区自称是全国"含金量"最高的中央商务区。据官方统计的数据，2018年福田区税收过亿的"亿元楼"达86幢，而税收低于1亿元的都不纳入统计，据说是因为这样的楼宇太多了。许多内地城区若能有一幢税收超过5000万元的楼宇，都会被当作新闻一遍遍地报道，恨不得敲锣打鼓放鞭炮庆祝，而在深圳市福田区，年税收1亿元以下的楼宇都不进行统计，真可谓"财大气粗"。

上海陆家嘴金融城应该算是"飞机中的战斗机"、"经济森林"中的"原始森林"了。仅仅31.78平方公里的区域，却林立着252幢、建筑面积约1500万平方米的商务楼宇，在黄浦江东岸形成了一条条唯美的天际线。高达632米的世界第二高楼、中国第一高楼上海中心大厦就坐落于此。可以说，陆家嘴中央商务区堪与伦敦金融城、纽约曼哈顿相媲美，陆家嘴的每一幢楼都是一条垂直的"金融街"。权威数据显示，2018年陆家嘴税收超过亿元的楼宇达97幢，而2019年"亿元楼"可能将突破100幢、10亿元楼可能将达到24幢。[①]上海国金中心更是成为沪上首幢税收超过50亿元的楼宇，很显然也是全国第一幢税收超过50亿元的楼宇。

与上海、深圳比起来，杭州就显得有些"小巫见大巫"了，不过这倒也契合了其"小家碧玉"的城市形象。杭州的第一幢"亿元楼"诞生

---

① 张淑贤:《陆家嘴金融城力争今年税收亿元楼"破百"》,《浦东时报》2019年5月13日,http://www.pdtimes.com.cn/html/2019-05/13/content_1_3.htm。

于2008年，总建筑面积10万平方米、集商贸金融于一体的标志性建筑标力大厦拔得头筹，并创下连续6年税收总额超亿元的纪录，最终成为税收"十几亿元楼"，这在全市乃至全省都屈指可数。

为何说楼宇经济是城市的"经济森林"？我们选取杭州市的一组数据来回答这个问题。据统计，至2018年年底，杭州市（不含富阳、临安）投入使用的规模以上（年税收1000万元以上）楼宇有582幢，国地两税总收入448.28亿元，其中税收3000万元以上的楼宇有315幢、税收亿元以上的楼宇有137幢、税收10亿元以上的楼宇有4幢。包括行政区划面积只有18.17平方公里的上城区在内的6个老城区，财政收入均超过100亿元，超过了有"世界小商品之都"之称的义乌市。可以说这其中楼宇经济功不可没。而在全国都算得上最早发展楼宇经济的杭州下城区，截至2018年年底，投入使用的规模以上楼宇达123幢，国地税总收入79.48亿元，税收亿元以上楼宇54幢，单位商务面积地方财政收入贡献2983.13元，是杭州楼宇"亩产效益"最高的城区。与下城区几乎同时开始发展楼宇经济的杭州西湖区，投入使用的规模以上楼宇更是达到了140幢，表现更为抢眼。①可见，这些林立的楼宇犹如"垂直的开发区"，向人们演绎着一个个精彩的财富神话。

十几年时间过去了，如今在全国能称得上"都市经济森林"的城区，可以说比比皆是，比如上海的浦东新区、静安区、黄浦区、长宁区，北京的西城区、朝阳区、海淀区，深圳的福田区、南山区，广州的越秀区、天河区等等。可喜的是，这样的城区已不再仅出现于一线城市，这些年几乎所有的城市都"长高了""长密了"，或者说都在通往"长高""长密"的路上。也正是因为这样，才有了我们所倡导和推崇的"亩产税收"或者说"亩产效益"这一量化指标的诞生。我想，

---

① 数据来源于作者调查及一手资料。

浙江省委省政府2018年提出的"亩产论英雄"理念，应该源于当初的楼宇经济吧。

楼宇迭代：渐进式的"进化"

从最初简单的办公场地，到普通型、综合型商务写字楼，再到甲级、超甲级写字楼，商务楼宇经历了一场由市场需求引发市场细分的渐进式进化过程，随着中央商业区、中央商务区、中央文化区、中央活力区的出现，楼宇经济的研究对象已经延伸到楼宇的"第四代产品"了。

第一代产品，是以商业为主，集聚商业与商务功能的混合体形态。当年，零售业的集聚，让商业街发展为大型购物中心，大型百货公司、高档商业街的云集，形成了最初的商业楼宇，类似于今天的中央娱乐区（Central Recreational District，CRD）。

第二代产品，是商业与商务功能并立的形态。城市购物中心与金融中心并立，构成了真正意义上的楼宇的雏形。

第三代产品，是由以商务为主的形态，逐渐走向综合化、高级化、国际化的形态。许多公司总部及其办事机构在CBD集聚，促进了大量信息、咨询、中介等服务机构的诞生，餐饮、酒店、会议中心、会展中心等随之应运而生，从而进一步强化了楼宇的综合性、外向型的服务功能。

第四代产品，是正在大城市呈现和即将呈现的新CBD、泛CBD时代。新CBD是人为规划和开发出来的。世界上大多数大城市的CBD都是沿着"向城市中心点集中——由一个点向周边扩散——在更高层次的中心集中"的轨迹在发展，伦敦的道克兰、巴黎的拉德芳斯、上海的陆家嘴、深圳的福田等发展实例即是佐证。"泛CBD"是在城市中心区CBD日益拥挤的同时,悄然出现的"商务公园""办公公园""企业公园""生态办公区(Ecological Office District, EOD)""总部基地""商务SOHO""休闲CBD"等一系列形态。"商务公园""总部基地""商务SOHO"已在北京、天津、上海、苏州等地出现,"办公公园""企业公园""生态办公区"渐渐被提起,成为楼宇经济2.0时代的新样板、新趋势,应该会在楼宇经济的下一个10年成为主流,从而形成楼宇经济3.0时代。

纵观商务楼宇从"第一代"到"第四代"的发展历程,可以看出,从传统到现代、从中心广场到购物中心、从一个个单体建筑到一簇簇建筑群,商务楼宇正以其造型、体量、规模、业态、功能等的变化演绎着城市的嬗变,不断适应、满足着人们高效率生活、快节奏工作的各种需求,创造了一种全新的、极具效率的都市生活方式,成为引领城市个性发展的重要力量。因此,我们研究、发展楼宇经济应以"迭代思维"紧跟楼宇发展趋势。

楼宇经济发展的"三重境界"

20世纪80年代末、90年代初期,商务楼宇在大中城市出现,但那时的楼宇大多属于企业自建自用的办公楼,且沿街、沿路而建,各家自成一体,企业只顾楼宇内的装修,并不会去关注外围环境,哪怕是很简单的配套设施,大有"各人自扫门前雪,莫管他人瓦上霜"的味道。因此,这时的楼宇经济发展基本上是处于无序状态,我们将其称为"自发阶段"。

20世纪90年代后期至21世纪初期，楼宇多为商业、商务、商住等场所混建的综合型建筑，物业初步实现商业化运营，物业公司靠收取物业费、楼宇业主靠赚取租金差价获得收益。这一时期为楼宇经济发展的"自愿阶段"。

21世纪初期，楼宇建设开始注重硬件设施与软件配套，出现了许多专门用于商务办公的纯商务楼，楼宇智能化水平大大提升，物业实行专业化的管理，楼宇中或楼宇周边引进了咖啡吧、茶吧、书吧及餐馆、健身馆等，商务配套更加个性化、人性化。楼宇经济发展进入了"自觉阶段"。

从20世纪90年代楼宇经济"萌芽"，到21世纪初楼宇经济作为一种新的经济形态被人们所关注，再到楼宇经济在大中城市"群雄逐鹿"的发展，伴随着不断加快的城市化、城镇化进程，楼宇经济逐渐成为城市经济中的主要经济形态。目前，全国50多个城市的100多个城区先后提出要大力发展楼宇经济，楼宇经济税收"贡献度"也从"三分天下有其一"到逐渐占据地方财政收入的"半壁江山"，发达地区的城区楼宇经济税收贡献率更是达到了七八成。楼宇经济发展态势可谓是群雄逐鹿、如火如荼。

纵观楼宇经济10多年的发展历程，大致经历了自发阶段、自愿阶段、自觉阶段三个阶段。所谓自发阶段，是指楼宇经济最初是由一个个市场主体建楼卖楼、自主招商"自发"形成的产业集聚。当产业集聚发展到一定阶段，城市的主政者逐渐意识到，低端化的管理、粗放化的经营不仅带来了巨大的资源浪费，还让城市染上了交通拥堵、污染严重的"城市病"，城市之间、城区之间、楼宇之间竞相争夺城市资源，甚至出现产业同质化的恶性竞争。于是，地方政府开始对楼宇的空间布局、产业导向等进行"顶层设计"，有意识地引导楼宇建设和楼宇经济发展；"嗅觉"灵敏的楼宇企业意识到楼宇经济发展中所蕴含的效益和商机，

"自愿"发展楼宇经济,起到了示范、带动作用;随后,越来越多的城市、企业、楼宇加入了楼宇经济发展大军,楼宇经济发展逐渐成为企业家们的"自觉行动",从而在更大程度、更高层面上推动了城市产业的集聚和经济的快速发展。

城市经济就是楼宇经济

从 1998 年上海率先提出"楼宇工业园"的概念,到 2000 年年初上海静安区提出发展楼宇经济,再到 2004 年重庆建起全市第一个楼宇产业园——山城都市工业楼宇,作为物理空间的商务楼宇不断地被人们赋予新的内涵。但楼宇经济真正被人们所认知和关注,却是在 21 世纪初期。此时距它萌芽已经有五六年的时间了。

随着第一产业中的农业在城市中消失,第二产业中的工业逐渐萎缩甚或搬离城市中心,以现代服务业为主的第三产业正成为城市经济中的主体力量,逐渐占据着城市中越来越多的 GDP、税收份额。而商务楼宇中所承载的正是这些现代服务业。因此,从这个角度来说,发展现代服务业就是发展楼宇经济。甚至可以说,未来的城市经济就是楼宇经济。

各地对楼宇经济的认知的早与迟、行动的快与慢,一定程度上是与城市经济发展阶段相一致的。毕竟,它是一个新生事物,人们认识它、了解它还需要一个过程,况且在城市发展还没到那个阶段的时候,大多数的人们是理解不了或者没有兴趣去关注还很遥远的东西的。你可以将它理解为是一阵和煦的春风,也可以理解为是一股缓缓的暖流,它是慢慢被人感知的。况且,许多地方的经济还属于"一把手经济",发展什么、怎么发展都是"一把手"说了算,如果地方"一把手"没有意识到或没有表现出兴趣，即使出现了再好的经济形态也是枉然。这也是许多城市虽已具备了发展楼宇经济的条件，却迟迟没有发展起来的主要原因。许多时候，不身处那些城市，你是感受不到个中滋味的。俗话说，"皇上不急太监急"。作为旁观者，即使你意识到了它们发展中存在的问题，也只能是"剃头挑子一头热"，在一旁干着急，毕竟你只是一个"建言者"而不是"决策者"。

"后房地产时代"的"能量聚变场"

在许多人眼里，巴黎乃浪漫之城，纽约意味着活力，伦敦则永远体现了时尚……国际大都市的发展充分证明，一座城市的综合实力，不在于其拥有多少幢高楼大厦和多大的城市规模，而在于城市争夺资源、占有市场的能力，在于城市对既有生产资源与要素的配置整合能力，在于产业与城市能在多大程度上实现匹配互动。

我们为何对某些城市心驰神往？或许是因为儿时读过的一个故事，或许是因为年轻时的一次邂逅，又或许我们为之心念一动的，只是那个城市中的某个人、某幢建筑或者某段历史。有句话叫"恋上一个人，爱上一座城"。对一座城市的"爱"，不应该仅仅是为了城市里高楼大厦所带来的视觉上的享受，而应该有超越高楼大厦的其他因素，这个因素就是浸透在城市大街小巷里的文化。文化是一个很宽泛的概念，甚至可以简单地理解为经济之外的所有范畴，除了经济，就是文化。

可以这么说，楼宇经济非常好地代表了一个时代、一个城市的形象。一幢幢楼宇像是形成了一个强大的磁场，在集约利用土地等要素资源的同时，也吸引着产业、人才、资本、信息、技术、服务、文化等要素的集中，从而形成上下游企业聚集发展的产业链，产生较强的带动效应。

楼宇经济对于一个城市的意义在于，在一个国际化、现代化的城市空间中，集约化的产业链、高密度的品牌企业、一流的商务配套、高端的精英人才，都会不约而同地向这个区域靠拢。楼宇经济所催生的一大批职业经理人，是城市发展非常重要的一笔财富。如果没有楼宇经济的发展，这批职业经理人在城市发展中的影响、群体的数量与质量可能都会被局限在一个有限的档次上。

因此，我们说，如雨后春笋般出现的一幢幢商务楼宇，展示的不仅仅是城市的形象，还是一个能量聚变的"场"，一个人流、物流、资金流、信息流聚合的城市核心磁力场，集生态与人文、商业与文化、创富与消费、工作与休闲于一体，它们无不彰显着惊人的聚富能量和创富动力，代表着一个城市的居住理想、代言着一个城市的居住风尚、体现着一个城市的建筑精髓，成为城市经济转型、产业升级、能级提升的"新引擎"。

一言以蔽之，楼宇经济的高端性、高集聚性、高效益性特征，使其正以它独有的对资金、技术、人才、资源等要素的吸引力、凝聚力、整合力，推动着产业的集聚发展、产城的融合发展，为城市发展增添了魅力、注入了活力、拓展了实力，形成了一个新的"能量聚变场"。

雁阵效应：不同城市渐次迈入楼宇经济时代

应该说，楼宇经济在一、二、三线城市兴起的时间是不一样的，而且一、二、三线城市是渐次迈入"楼宇经济时代"的。即使是同处于一线城市的上海、深圳、北京、广州，或是同处于二线城市的杭州、重庆、武汉、天津，其楼宇经济发展的起始时间也不一样。这也从侧面印证了产业发展规律——产业发展与城市发展总是相辅相成、紧密相关的。

因此，楼宇经济发展常常是不平衡的。这种不平衡既表现在不同的城市之间，也表现在同一个城市的不同城区之间。即使是上海、深圳这样的楼宇经济一线城市，也有楼宇经济刚刚起步的城区；而即使是经济欠发达的三、四线城市，也存在楼宇经济发展处于全国前列的城区。这也是我们在研究、比较全国楼宇经济时，是以城区为单位而不是以城市为单位的依据之一。因为城市之间往往缺乏可比性，直辖市、副省级城市、省会城市、地级城市天然存在着许多不可比的因素，如果硬是把它们放在一起比较，既没有多少必要，也没有多少意义。而以城区为单位进行比较，就能在一定程度上避免出现类似的问题。如果以这样的视角，从全国的大范围来看，东部地区优于西部地区，南部地区优于北部地区；从某一局部区域看，发达地区优于欠发达地区，核心城区优于外围城区。当然，这与城市的经济水平、区位分布、产业基础、资源禀赋、环境生态等因素是密切相关的。

如果非要对楼宇经济的起始时间和地点做一个准确的描述的话，虽然楼宇经济萌芽于20世纪90年代，但楼宇经济的真正兴起大约是在2005年前后的深圳、上海等一线城市，稍早一点兴起的城区大约是在2003年。2008年前后，杭州、天津、重庆、青岛、南京、厦门等二线城市的部分城区开始大力发展楼宇经济，天津、杭州等地更是出台了一系列的奖励扶持政策，从市级层面上推动楼宇经济发展，并形成了各自的特色，成为楼宇经济"第二梯队"的"领头雁"。三线城市的楼宇经济大约起始于2012年前后，武汉、长沙、郑州、昆明、南昌等内陆中心城市，也在考察学习中大力借鉴一、二线城市楼宇经济的发展经验，逐渐成为"第三梯队"的代表。楼宇经济的春风吹遍神州大地已经是2015年前后的事情了。在这个时间段,一些地级城市的中心城区也陆续开始兴起楼宇经济,从而形成了如今全国50多个城市的100多个城区楼宇经济竞相发展的"雁阵"之势。值得一提的是,虽然北京、广州是综合实力毋庸置疑的一线城市,但在楼宇经济发展方面,起步相对于上海、深圳要稍晚一些,政府服务、发展特色、推进举措上也没有很突出的亮点,只能归入"1.5线城市"。

必须肯定的是,10多年来,楼宇经济经历了从无到有、从小到大、从单个项目到规模发展、从单一零散到成片集聚的发展历程。正如工业园区、经济开发区集聚工业企业一样,现代楼宇日益成为城市中承载现代服务业、都市工业、现代农业的重要载体,它们将产业、资本、人才、服务、管理等要素集聚起来,从而形成了一个个富有地方特色、产业特点的商务楼宇、楼宇集群,乃至中央商务区、中央活力区。应该说,楼宇经济发展对于集约资源、集聚要素、拓展空间、提升品位等,有着不可替代的重要作用。

发展楼宇经济:心急吃不了热豆腐

国际经验表明,当一国的年人均GDP超过6000美元后,将迎来服务业快速发展时期。在中心城区经济由消费拉动逐步替代投资拉动、由第三产业逐步替代第二产业、由工业化中后期进入"后工业化"发展阶段之际,楼宇经济发展对于改善城市产业结构、防止城市产业空心化起着非常重要的作用。这些年楼宇经济的发展实践也充分证明,大量的第三产业入驻楼宇,不仅促进了现代服务业的发展、产业结构的优化,也加快了城市格局的调整、城市能级的提升。

如果说率先发展是楼宇经济发展先进地区取得先发优势的基础动力，那么新一轮优势的动力则是该地区的创新发展、转型发展。在楼宇经济发展初期，土地、税收的政策扶持和"放水养鱼"的政策导向会在较短的时间、以较低的成本形成产业集聚，但优惠政策终究是有限的，经济发展更多的还是要靠自身"造血"而不是政府"输血"。当楼宇经济发展步入成熟期，产业与城市的融合发展就显得至关重要，直接关系到楼宇经济发展的持续性和潜力。当然，经济发展往往伴随着市场的"无形之手"和政府的"有形之手"的共同作用。也正因此，楼宇经济发展的好坏与政府的角色定位始终息息相关，政府职能转变得越快，楼宇经济的发展活力就越强。

"窥一斑而见知豹。"楼宇经济是城市经济的缩影。楼宇经济发展得好，城市经济就会发展得好。只是经历了10多年的经济高速发展，许多政府官员已习惯了GDP的两位数增长，房地产商们更是乐此不疲地建楼卖楼，整个社会陷入一种莫名的浮躁和"虚胖"，甚至认为经济增速降至个位数"很难看"。殊不知，经济发展是有其规律性的，就像爬山一样，行进到半山腰时是最累的，况且经济总量的"盘子"大了，每一个百分点的增长都会比之前更难。

话说回来，越难的时候，越要沉住气，不能自乱阵脚。但恰恰在这时，人们常常会有"刀下见菜"、急躁冒进的心理，甚至头天晚上想的事，第二天就想干，巴不得能有立竿见影的效果。其实，这是一种短视的"冒进主义"，也是不切实际的。"心急吃不了热豆腐。"经济发展有个水到渠成的过程，得遵循经济规律办事，不能"见风就是雨"，不仅要有"病去如抽丝"的耐心，还得有"功成不必在我"的心态，与其重复"面多了加水、水多了加面"的"戏码"，不如切切实实下真功夫去做一些基础性的工作。

我曾经和一位区委书记聊天，我说其实每个领导只要坚持一任做成一件大事就好，哪怕是一天只做一点的"小步慢跑"。用当下最流行的一句话来说，"只要方向是对的，就不怕路途遥远"。这就犹如田径运动中的接力赛，后人接过前人的接力棒一直跑下去，何愁不能见到效果？可惜，许多人不愿意这么做，都想着另辟蹊径当"领跑"，而不愿当那块垫在大石头下的"碎石"。如果每一任领导都不愿意去做别人很难看见、一时难见成效但又必须做的工作，只注重"锦上添花"而不愿意"雪中送炭"，都指望能"站在巨人的肩膀上"，甚至"新官不理旧账"，那政府工作就会常常徘徊在"抓灰掩火"的忙碌和"治标不治本"的困惑中。

楼宇经济≠房产开发

楼宇经济发展，既包括楼宇的建设，又包括楼宇的运营，如楼宇物业的管理、楼宇业态的培育、楼宇资源的盘活等。许多人认为，发展楼宇经济就是搞楼宇开发，这是个误区。恰恰相反，正因为前期的楼宇开发得太多了，过多的体量和过少的产业未能很好地"匹配"，"僧多粥少"造成了"见楼不见产""见楼不见人"的现象。为盘活闲置楼宇，人们对楼宇进行招商运营，才诞生了楼宇经济。其实，楼宇能否发挥出好的效益，关键不在于前期的建设，而在于后期的运营。

有人说，中国的开发商，生活在一个进入壁垒比较高，因此竞争不充分、供求关系严重不平衡的市场。老百姓抱怨房价高，开发商说政府赚了大头，"公说公有理、婆说婆有理"。其实大家心里各有"一本账"。在粗放式发展的大环境下，开发商为了攫取更大的经济效益，最关心的当然是如何在有限的土地上建造出更多的房子，而不会真正去重视项目的前期规划和后期运营。他们认为那是政府的事。而政府往往总是被"绑架"，不得不为当初的决定负责。很显然，这就容易形成"兄弟登山，各自努力"的"两张皮"现象。

当前，不少城市仍在以房地产开发的思路发展楼宇经济，只顾着建楼卖楼，做"一锤子买卖"，造成了大量的楼宇闲置和产权分散，给后续的楼宇招商、楼宇运营造成了很大的影响。其实，对于商业地产、商务地产而言，真正的价值溢出来自后期的运营管理。如不及早转变思路，必将重蹈房产开发"建了拆、拆了建"的旧路子，甚至将商业地产的泡沫引向商务地产。事实上，许多城市的商业地产已经饱和了，却仍有人在简单地模仿，重复地走着前人走过的路，忘记了"前车之鉴"，用"邯郸学步"来形容并不为过。

城市是用来生活的。因此，城市应是宜居的，也该是宜业的；应是绿色的，也该是智慧的。只有这样，才是人们口中所说的"可持续发展"。如果把有限的土地都建设成了商品房或商业街，抬头所见都是高楼大厦，如同来到"钢筋丛林"，势必违背"望得见山、看得见水、记得住乡愁"的城市建设初衷，偏离了"城市是用来生活的"这一主题。当然，就当前的城市发展现状和趋势来看，"望得见山、看得见水、记得住乡愁"的要求显然有点高，但这未必是坏事，至少可以提醒我们的城市建设者和管理者，在今后的城市建设和运营中，要更多地注重土地的多维开发而不是单一的商品房开发，要更多地注重城市运营而不是单纯的城市建设。

纵观各地出台的扶持楼宇经济发展的政策，不难看出许多条款还夹杂着很浓的房地产情结，还在明里暗里地鼓励或者默许开发商建楼卖楼。殊不知，"楼宇不是越多越好、越高越好"。发展楼宇经济不是简单的房地产开发，也不是让你造更多、更高的高楼大厦，而是要把过量建设所形成的楼宇"去库存化"，让建好的楼宇能发挥出更高的效益。因此，政府扶持楼宇经济发展不应去扶持作为建设主体的开发商，而应重点关注楼宇运营商如何运营好楼宇、物业管理公司如何管理好楼宇、政府如何为企业提供更好的服务。高质量发展对于城市而言，其兴奋点显然已不在于大拆大建，而在于如何更好地实现有机更新，如何在有限的空间里产出最大的效益，如何更好地当好城市运营商而不是城市开发商。

◀ 2015年1月23日，就"互联网+时代的楼宇经济发展"接受人民网专访。

▶ 2018年6月6日，参加"第四届中国楼宇经济峰会"嘉宾访谈。

◀ 2019年9月24日，在昆明－南亚东南亚楼宇经济产业发展大会"大咖对话"会上与嘉宾互动。

▶ 2019年9月24日，参加昆明－南亚东南亚楼宇经济产业发展大会"大咖对话"。

02

被"逼"出来的
楼宇经济

　　发展楼宇经济不是你想不想干的问题，也不是你愿不愿干的问题，而是不得不干的问题，是早干迟干的问题。

　　　　　　　　　　　　　　　　　　　　　　　——夏效鸿

　　不难发现，区域经济发达的地区，楼宇经济就繁荣；楼宇经济繁荣的地区，区域经济就发达。从这个角度而言，城市经济与楼宇经济是"一损俱损、一荣俱荣"的关系。楼宇经济如同一面反光镜，折射出城市发展的实力、活力与潜力。

　　上海、深圳、宁波、青岛、杭州、南京、重庆等沿海、沿江发达城市及武汉、长沙等内陆中心城市的楼宇经济由于起步较早，经过10多年的发展，已形成了一定的优势和特色。三、四线城市紧随其后，楼宇经济正处于"比学赶超"的发展阶段，尽管吸收了许多先进地区的发展经验，但囿于区位、基础、产业等因素的制约，与起步较早的地区相比还存在一定的差距。

　　随着城市的扩张、更新、改造，越来越多的楼宇会拔地而起，越来越多的城市会长高、长密。与建设一座城市相比，运营好一座城市显然要困难得多。因为许许多多的楼宇需要产业的支撑，楼宇产生持续效益需要专业的运营。因此，任何城市发展到一定阶段，都会面临楼宇如何招商、管理、运营及产生更多效益的问题。这就迫使地方政府要站在城市发展的总体战略高度，对其发展的空间布局、业态集聚、政策推进、环境营造等进行宏观规划与引导。可以说，楼宇经济不是你想不想干的问题，也不是你愿不愿干的问题，而是不得不干的问题，是早干迟干的问题。

楼宇经济"不得不为"

其实，楼宇经济是被"逼"出来的。为何这些年楼宇经济成了越来越多的城区政府竞相追捧的"香饽饽"？因为城市里的土地越来越少，以前的"摊大饼式"的平铺发展已难以为继，不得不"向空中求发展""向空中要效益"。

当前，许多城市的主城区已经没了"一产"、少了"二产"、多了"三产"，而城市中也已没有了田野、厂房，唯有形态各异、高低不一的高楼大厦。这样一来，林立的商务楼宇就成了接纳第三产业、都市工业、现代农业的"载体"。因此，说未来的城市经济就是楼宇经济，一点都不为过。

"春江水暖鸭先知。"由此你就不难理解为何楼宇经济是从上海、深圳这样的大城市首先兴起的了。因为深圳、上海最先体验到缺土地、缺空间的滋味。当然，楼宇经济发展过程中也不乏"起个大早，赶个晚集"的城市案例。改革往往由问题倒逼而产生，又会在不断解决问题中深化。许多时候，地方政府的工作需要有倒逼机制，且这些机制应该是建立在前期研究预判的基础上的，而不是真的等危机来了才去仓促应对、被动迎战。楼宇经济的产生和发展，就是"倒逼机制"在起作用。所以，我们说"楼宇经济是逼出来的"。

经济学上有个术语叫"产业梯度转移"，似乎对于某个地区、某个区域、某个城市而言也都有个梯度发展的过程，因为新的经济形态总是从发达地区渐次进入欠发达地区。其实，就区域经济发展而言，与其说是产业的梯度转移过程，不如说是一种理念被接受的快慢程度，或者说是主动接受还是被动接受的过程。因为在许多时候，理念是决定发展的不容忽视的重要因素，有时甚至是决定性因素。平心而论，虽然发达地区与欠发达地区存在着许多不可比因素，不能简单地加以类比，但我觉得制约欠发达地区经济发展的最大因素还是在于人们的理念。这从欠发达地区的人们看问题的角度、理解新事物的程度就可以看出。

就楼宇经济而言，正是大城市在城市发展、产业转型中，首先尝到了土地等资源要素紧缺的滋味，而不得不"螺蛳壳里做道场"。而这一举动某种程度上发挥出了"雁阵效应""羊群效应""鲶鱼效应"，从而在同一个城市或同一类城市的城区中形成"倒逼机制"和"负激励"效应，带动其他城区争相效仿。当然，许多三、四线城市由于土地资源还很充裕，或是产业发展还没到转型阶段，以致它们对发展楼宇经济的心情没有那么急切，甚至显得漠不关心，因为它们还处于"土地财政"时期，还有许多的闲置土地，没有受制于城市空间的压力。这个时候，是很少有那么高瞻远瞩的领导愿意舍近求远的。通常情况下，面对新鲜事物，人们总是倾向于等待而不是采取行动，因为什么都不做比做一些可能会错误的事情要容易得多。但一个不争的事实是，土地资源毕竟是有限的，"土地财政"的好日子总是有尽头的，已经建起的高楼大厦不能总是在那闲置。

到底是哪些因素促成了楼宇经济的产生呢？综合起来看，楼宇经济的"倒逼因素"大致有这么三种：一是资源要素需要节约利用。随着经济社会的发展，土地、空间、环境等资源要素消耗很大，必须从以前的"粗放式"发展转为"集约式"发展，向空中求发展、向空间要效益，从而节约利用资源，以实现可持续发展。二是产业需要集群发展。物以类聚，产业发展也一样。产业的集群发展能够产生集群效应，尤其是相同的产业或者上下游产业的集群发展，易于形成"产业链"，从而产生集群效应。三是企业需要集约经营。以前，产业的承载是由一家一户的企业来完成的，企业要建厂房、建办公楼、购置办公设备，政府要"四通一平"或"七通一平"为其做配套设施，重复建设浪费了大量的资源。楼宇或楼宇集群的建设，让以前需要政府配套建设的水、电、路、网，甚至需要一家一户各自添置的办公设备、购买的办公空间、配套服务等，都可以通过"共享"的形式来获得，从而为政府节省大量的建设费用、为企业节省大量的商务成本。而众多企业在同一幢楼、同一个物理空间聚集，不仅可以实现企业与企业之间的相互往来、人员交流、互通有无，还可以实现信息、智力、文化、资本、服务等要素的共享，大大拓展企业的发展空间。因此，"楼宇经济是被逼出来的"这句话虽然有些夸张，却很形象。

楼宇经济："螺蛳壳里做道场"

著名的美籍芬兰裔建筑师、建筑理论家伊利尔·沙里宁的"有机疏散"理论认为，城市混乱、拥挤、恶化仅是城市危机的表象，其实质是文化的衰退和功利主义的盛行。很显然，一个城市要有容量限制，如果城市无限制地成长，将会导致"虚胖"，容易造成"供血不足"。所以，城市不可能无边界地扩展下去。城市不能总是盖新房子，它也应该有更新的成分，要秩序化、有条理地综合成长。也就是说，要在有限的空间范围内"做道场"，通过对现有空间的集约利用、优化配置和有机更新，提升城市的"经济密度"和"亩产效益"，实现空间从增量发展向存量发展转型。

也正因为如此，在大中城市的中心区往往最先诞生楼宇，也最先诞生楼宇经济。而催生楼宇、驱动楼宇经济发展的，则是城市的"三力"。

第一个"力"，是城市的"内生动力"。法国马恩拉瓦莱国立高等建筑和城市规划学院教授戴维·曼金提出"在城市上建造城市"的理念，就是在城市中已有项目的单一功能基础上，新增一些小规模的新项目，在原有项目间创造联系，而不是新造封闭式的大型项目，以优化现有土地资源及建筑物的使用效率，从而驱动城市的内生动力。

第二个"力"，是城市的"空间压力"。受"18亿亩耕地红线"与"城市边界范围划定"的政策限制，城市新城区建设中往往面临新增土地指标、增减挂钩、占补平衡等多重约束，逼迫城市扩张，扩张已接近完成的城市要更多地依靠自身更新来达到城市的内生繁荣。有一组数据指出，我国名义上有20.4亿亩耕地，但真正需要保全的永久基本农田只有15.4亿亩。由此可见，对永久基本农田实施特殊保护是多么重要。

第三个"力"，是城市的"边界约束力"。城市开发边界是城市建设空间扩展的终极远景，在远期发展中进一步取舍可利用空间与弹性空间，体现出了开发边界对空间资源配置的影响力。2013年12月的中央城镇化工作会议再次明确提出"根据区域自然条件，科学设置开发强度，尽快把每个城市特别是特大城市开发边界划定"。2014年6月，中华人民共和国住房和城乡建设部、国土资源部选定北京、上海、广州、杭州等14个试点城市，先期开展城市开发边界划定工作。深圳的"城市更新"、上海的"退二进三"、北京的"动态维护"等，都是通过城市自身土地集约利用的方式，来解决"土地指标"与"城市边界"带来的发展问题、引导土地集约利用的有益尝试。

楼宇经济是一种"载体经济"

当机器、厂房、烟囱这些工业时代的标志逐渐消失，而休闲、创意、设计这些绿色经济的新名词渐渐清晰之时，你就会发现，推动城市前进的力量已经开始改变。这也就是我们通常所说的"新旧动能转换"。楼宇经济作为一种新的经济形态，所代表的是一种新的动能，并逐渐成为城市经济发展的主导力量，引导、集聚产业，驱动着区域经济的发展。

楼宇对于产业而言，是一种载体。最初，它只是一种物理空间上的概念，但产业的入驻赋予了它新的功能，从而产生了经济活动和经济效益。据统计，在一座写字楼所能带来的全部收益中，建设成本占2%，运营成本占4%，其余94%的现金流全部产生于办公过程。可见，仅仅有楼宇还不够，对于楼宇经济而言，那只是"万里长征走完了第一步"。

楼宇经济的形成和发展所依靠的不仅仅是区域内所拥有的楼宇建筑体量，还需要一定的产业、文化、环境、交通、信息、人才、社会等要素的支撑。楼宇为企业的集聚、发展提供了载体，企业为楼宇的发展、壮大充实了内容。因此，我们说楼宇经济是一种"载体经济"。

什么是楼宇经济？我在2009年出版的《楼宇经济发展研究》中是这样定义的：楼宇经济是以商务楼宇为载体，集约空间、集聚产业、集中要素，从而产生经济、社会、人文、生态效益，带动区域经济发展的一种新的经济形态。我们可以从它的"三高"特性上来更形象地理解它：第一个特性，是它的"高端性"。楼宇经济集聚的是高端的产业、高端的人才、高端的技术，它所带来的也是高品位的环境、高品质的管理、高效能的服务，而这些高端的产业、人才、管理、服务等要素，正是处于产业链高端的那部分。第二个特性，是它的"高集聚性"。工业化时代，城市经济发展是靠散落在不同区域、一家一户企业的工厂化生产来实现的，而"后工业化时代"，通过发展楼宇经济，将这些分散的产业、企业集聚到一幢或几幢商务楼中，可形成较为密集的产业集群和上下游产业链。第三个特性，是它的"高效益性"。楼宇经济被称为都市里的"垂直印钞机"，其空间功能效益远大于一般的城市功能空间。有关资料表明，一幢高级商务楼里各类企业所产生的效益可等同于城郊7.8平方公里范围内的企业所产生的经济效益的总和。其实，发展楼宇经济能给地方城市带来的不仅仅是可观的经济效益，还有可观的社会效益、人文效益、生态效益。

楼宇与总部是"载体"与"内容"的关系

在各地的调研中，我发现总会有人把总部经济等同于楼宇经济，不论是在文件中还是交流中，这都是很不科学的。

"楼宇经济"和"总部经济"不是同一个概念，楼宇和总部是"载体"和"内容"的关系。楼宇为总部的集聚、发展提供了载体，总部为楼宇的发展、壮大充实了内容。总部经济是高端的经济形态，对承载的载体和所在城市、区域、周边配套设施等要求很高；而楼宇对集聚的产业要求较宽泛，不仅是现代服务业，对场地要求不高的都市工业、现代农业也可以在楼宇中发展、集聚。可以说,有总部的地方肯定有楼宇,但有楼宇的地方不一定有总部。一个城市可以没有企业总部,可能不适合发展总部经济,但不可能没有商务楼宇,不可能发展不了楼宇经济。

从这个角度看,总部经济适宜在北京、上海、广州、深圳等一线城市发展,至多再延伸到发达的省会城市或副省级城市。对于地级市而言,纵有发展总部经济的美好愿望,也难有支撑其发展的人才、资本、技术等配套资源,即使通过低门槛政策"死拖硬拽"地将企业总部引进来,也最终难逃经营不善的下场。这就好比把热带植物移植到亚热带地区种植,产业发展也是如此。这也是许多地方政府虽出台了促进总部经济发展的政策,却只能停留在文件上,始终无法落地的主要原因。当然,这里也涉及更复杂的如何界定总部的问题。

而发展楼宇经济就不一样。大到税收几十亿、几百亿元的企业,小到一两个人的"皮包公司",都可以在楼宇中发展。因此,发展楼宇经济比发展总部经济的"受众面"更广,也更切实可行。对于地级市而言,相较于总部经济,发展楼宇经济更实际,也是大势所趋,更是能"跳一跳,摘桃子"的事,为何要舍近求远?

发展楼宇经济不能只关注税收和租金

被誉为"世界生态建筑之父"的意大利裔美籍建筑师、城市规划理论家保罗·索莱里指出,"建筑是环境的一部分,因此也是景观的一部分"。楼宇与楼宇集群的关系好比树与森林,死一棵树的概率远比死一片森林的概率大。因此,不能让楼宇孤立无援,而应引导连片规划、街坊开发、楼宇与特色街系统开发等,提高楼宇的规模、集聚效应,营造楼宇经济发展的"生态圈"。这就是我们所强调的楼宇的"集群效应"，一定程度上也可以理解为是中央商务区、中央活力区的形成背景。

发展楼宇经济并不是单一的城市商业地产开发，而是一个城市产业的再造过程。相对于楼宇的整体规划、布局、建设，楼宇内产业业态的布局、集聚、招商显得更加重要，也更难做好。现实中，由于楼宇建设初期的短视和缺少统一规划，导致不少城区的楼宇空置率很高、产权过度分散、业态缺少规划，业主片面追求出租率和出租价格，而忽视了楼宇业态的规划、税源的培育、环境的营造，出现"有楼无市""有楼无人""有楼无产"的情况，甚至出现"楼宇建成之日，就是亏损之时"的尴尬局面，从而影响了楼宇经济的整体发展质量。我想，这应该也是中央经济工作会议强调"去库存化"的原因之一吧。当然，就某一区域而言，这其中也有楼宇体量与产业发展不匹配所导致的"僧多粥少"的因素。

楼宇能否最大限度地发挥效益，关键不在于建设而在于运营。而现实生活中，往往许多楼宇业主关心的、感兴趣的是如何尽快地将楼宇租出去、如何让租金更高点，对楼宇业态的定位、楼宇环境的打造、楼宇配套的完善、楼宇生态的持续、楼宇产生的税收等，则不太关心，或者说兴趣不浓。其实，这是一种眼光不长远的表现。只有整个楼宇好了、整体环境好了、整片生态好了，楼宇的租金才能上得去。

楼宇周边环境生态圈的营造是最重要的。楼宇生态圈的营造，从经济学角度来看，属于我们通常所说的楼宇经济效益、社会效益、人文效益、生态效益这"四大效益"中的生态效益的范畴，诸如楼宇的容积率、建筑高度、区块景观、空间布局，以及楼宇周边的交通、绿化、灯光、停车、餐饮等产业的配套。生态圈的好坏可以放大或抵消商务楼宇的自身优势。比如一幢硬件设施条件非常好的楼宇，如果周边被小吃店、菜场、摊贩所围绕，这幢楼宇的效益肯定好不到哪里去，楼宇的品质也肯定高不了。因此，要注重商务区的地面空间设计、地下空间建筑设计、环境设计、色彩视觉设计，以及楼宇周边道路、餐饮场所、休闲场所、文化娱乐、金融服务、停车场地等的配套建设，创造绿色、休闲、智慧化的生态空间。

也许，只有在生态圈的营造与培育方面吃过苦头的人们，才会对此有更深切的体会，观念上也更能接受。当然，这有个从"无视"到"在意"再到"重视"的过程。某种程度上可以这么说，正是人们重视了楼宇生态圈的建设，才有了中央商务区、中央文化区、中央活力区的出现。这其中涉及楼宇规划、管理、运营的问题，是一个系统工程，其形成也需要一定的时间。

城市运营比地产开发更重要

曾有评论说："城市的成功，就是国家的成功。城市的命运，决定着地球的命运。"这似乎有些道理。古希腊哲学家亚里士多德有句名言："人们来到城市是为了生活，人们居住在城市是为了生活得更好。"从这个意义上说，我觉得城市应该是个充满生活意蕴的"综合体"。

当前，许多城市片面追求GDP，一谈发展就想到盖高楼、圈地皮。其实，政府提供土地、开发商盖楼卖楼，这种"摊大饼式"的粗放型发展，不利于资源的合理配置，不符合可持续发展的要求，也不符合高质量发展的要求。有人说，城市高高低低大楼的增加、大大小小广场的出现，和自己实实在在的收益其实没有多少关系，似乎只跟地方政府的政绩、样板工程、拉动内需，还有最终要出现在统计表上的数字有关。当然，这种说法多少有失偏颇，却从侧面给了我们警醒，那就是我们要思考：人们真正需要的是什么？正是这种以房地产商为主角的粗放式发展"大剧"，在让城市发展持续了10多年高速增长"黄金时间"的同时，也让城市累积了大量的闲置楼宇。当然，话说回来，如果不是城市中建造了这么多的闲置楼宇，就不会有今天的"楼宇经济"这个名词的诞生。

在城市发展过程中，开发商和运营商扮演着不同阶段的角色，承担着两种不同的任务，也构成了城市发展进程中的两个阶段、两种模式。如果说城市开发商关注的是城市的前期建设，那么城市运营商注重的则是城市的后期管理。作为承载现代服务业、都市工业、现代农业的楼宇经济，其体现的是一种运营城市的理念，它倡导的是有机更新、可持续发展、不做"一锤子买卖"、追求"亩产效益"。这也正好契合了高质量发展的理念。

房地产行业有句话，叫"三分建设，七分管理"。城市发展的好坏，往往不在于前期的建设，而在于后期的运营与管理。对于现代楼宇而言，其品质包括楼宇前期建设的品质和楼宇后期管理的品质。决定一幢楼宇或一个楼宇集群品质的，往往不是初期的建设水平，而是后期的运营、管理水平。因此，楼宇经济从高速增长阶段转向高质量发展阶段要避免"三个旧"的现象发生：

要由"重开发"转向"重运营"，尽力避免重蹈房产开发的"旧路子"。楼宇经济发展，既包括楼宇的建设，也包括楼宇的运营，如楼宇物业的管理、楼宇业态的培育、楼宇资源的盘活等。楼宇能否发挥出更大的效益，关键不在于建设而在于运营。不少城市仍在以房地产开发的思路发展楼宇经济，建楼卖楼，做"一锤子买卖"，造成大量的楼宇闲置和产权分散，给后续的楼宇招商、运营造成了很大的影响。如不及早避免此类现象，必将重蹈房地产开发的"旧路子"，将房产开发的隐患和泡沫引向商业地产。

要由"重形态"转向"重业态",尽力避免片面追求租金的"旧思维"。发展楼宇经济并不是单一的城市商业地产开发,而是一个城市功能的再造工程。相对于楼宇的整体规划、布局、建设,楼宇内业态的布局、集聚、招商显得更加重要,也更难做好。现实中存在的一个大问题是,由于楼宇建设初期的短视和缺少统一规划,不少城区的楼宇空置率很高、产权过度分散、业态缺少规划,导致出现了"楼宇建成之日,就是亏损之时"的尴尬局面。

要由"重综合"转向"重特色",尽力避免陷入同质化竞争的"旧战场"。楼宇经济发展绝不是对企业的"归大堆""1+1=2",而是要借助楼宇这一载体,梳理企业形态、集聚产业业态、提高税收"亩产"。从楼宇经济产生的效益看,税收贡献大的楼宇大多是有特色的主题楼宇;而从业态布局看,不同业态特色楼宇的错位发展,能够更好地体现产业特色、人文特点、自然特征,避免陷入"同质化"的恶性竞争。

从"地产产业"到"产业地产",哪里不一样?

美国著名建筑师、杰出的建筑理论家伊利尔·沙里宁指出,"城市是一本打开的书,从中可以看到它的抱负"。城市发展研究中的理论问题与实践问题是上下启承的关系。城市发展水平有多高,城市的研究就会有多深。反过来,城市的研究有多深,城市的发展就会走多远。从20世纪70年代末至今的短短40多年里,我们的城市化进程走过了西方社会百年才走过的里程,但城市发展水平与国际先进城市相比还有很大差距,未来相当长的一段时间内还会一直"在路上"。

在城市建设、发展过程中,房地产商无疑是一支不可或缺的重要力量，其对城市发展的贡献不容置疑。但房地产商大量占用土地、推高城市房价、形成城市繁荣"虚胖"，也是有目共睹的，甚至可以说，房地产商是城市高速发展、粗放式发展时代的典型代表。只要你所处的城市还在大量开发房地产，城市就不愁经济不处于高速增长阶段，而正因为城市处于高速增长阶段，注定了其还在持续粗放的发展。在《中国楼宇经济发展报告（2015）》中，我们提出了楼宇经济 2.0 时代的概念，指出 2.0 时代的楼宇经济在载体、功能、产业、要素、空间、模式、物业、管理、效益等 9 个方面都有别于 1.0 时代，是一种升级版。与"楼宇经济 1.0 时代"的目标、手段、诉求不同，楼宇经济 2.0 时代要解决城市的粗放式发展问题，把城市从靠土地、靠资源、靠建设的粗放式发展方式转到靠人才、靠技术、靠管理的集约式发展方式上来。

我们常常说，楼宇经济 2.0 时代是一个注重生产、生活、生态的时代，这个时代的人们不再是"为了生活而工作"，而是学会了"在工作中享受生活"；楼宇经济 2.0 时代是一个注重"精神、精细、精品"的时代，城市人文、城市设计、城市双修将成发展"新宠"；楼宇经济 2.0 时代是一个注重"品质、品牌、品位"的时代，在这个时代的城市发展大舞台上，城市运营商将取代房产开发商逐渐走向舞台中央。因此，运营、服务将取代开发、管理，成为楼宇经济 2.0 时代的两大关键词，而"去库存"则是楼宇经济从 1.0 时代迈向 2.0 时代的标志性事件。为何要去库存？就是要把房地产业高速增长的"列车"拉回到高质量发展的"轨道"，就是要从住宅地产、商业地产、工业地产的地产产业时代迈向产业地产时代。

这一转折发生于 2015 年前后，如果从全国的角度看，则发生于 2018 年前后。因此，某种程度上说，2019 年是一个新的起点。如果以 2018 年为分界线，楼宇经济"一半是海水、一半是火焰"。10 多年前的"楼宇经济 1.0 时代"，地产是被作为第三产业的一个分支来对待的，那个时候建设楼宇是主业，房地产业是作为第二产业进行统计的，人们习惯上叫它"地产产业"；10多年后的"楼宇经济2.0时代"，人们开始以产业的理念来运营地产，运营楼宇成为"主业"，人们开始发展"产业地产"。从"地产产业"到"产业地产"，尽管只是文字顺序上的小小变化，折射出的却是城市发展理念的又一次飞跃、城市发展方式的又一次变革、城市发展模式的又一次突破，从产业政策到运营主体、从发展方式到发展模式，楼宇经济发展正经历着一场"基因"的"变异"。

具体表现之一，是楼宇业态的实体化。长期以来，楼宇的入驻主体受政策的影响较大，甚至一味地"跟风"：电商兴起的时候，电商产业园、互联网产业园如雨后春笋般出现；国家提出"互联网＋"的时候，楼宇入驻了大量的互联网企业，包括后来许多"爆雷"的互联网金融企业。这也直接导致了楼宇空置率的再次攀升，因为政府出手打击非法融资后，许多公司纷纷倒闭。随着国家对实体经济的重新重视，商务楼宇中入驻的企业也逐渐"由虚转实"，相比之前流行的互联网金融、电商等虚拟经济而言，无疑是楼宇经济新发展的又一个窗口期。

具体表现之二，是运营主体的专业化。楼宇经济进入2.0时代之后，过去那种开发商开发楼宇、派几个人组建一个团队管理楼宇的"肥水不流外人田"的时代已基本告一段落。人们越来越认识到，好的物业运营公司对于楼宇品位提升十分重要，从而更信奉"专业的人做专业的事""好马配好鞍"。于是，越来越多专门从事楼宇运营的运营商有了更广阔的施展舞台，从而形成开发商自持物业、运营商受雇运营物业的运营模式。

具体表现之三，是物业载体的自持化。在趋势展望、形势逼迫、政策鼓励等多重因素影响下，越来越多的楼宇开发商选择了自持物业，以便能有更多的招商经营自主权，从而逐渐形成一个能运营且盈利的、细水长流的闭环。目前，一线城市、二线城市核心地段的楼宇基本实现了

自持，三线城市商务楼宇自持比例也在持续上升。当然，这不仅需要理念，更需要实力，实现起来有个过程。

产权过度分散是发展楼宇经济的"大忌"

在楼宇经济1.0时代，房地产商们一定程度上掌握着城市发展的主导权，尤其是在欠发达地区，政府对好不容易才招商而来的房地产商，自然是笑脸相迎地奉为"座上宾"，甚至是它们看中了哪个地块就给批哪个地块。这就不难理解为何许多地方政府的办公大楼都会给房地产商"让路"了。也正因此，开发商群体曾一度被定义为"野蛮生长"的群体。当然，我们不能否认地产商对城市发展的贡献。

在地产开发销售中，通常情况是住宅好于公寓、公寓好于商铺、商铺好于商务楼。因此，开发商自然都乐意开发住宅，即使是地方政府想建造几幢像样的商务楼，也会被开发商以平衡资金为由"配套"几幢住宅。为了更多、更快地实现资金回笼，建楼卖楼、分割销售的"一锤子买卖"，就成为大多数开发商乐此不疲的"伎俩"，它们赚了个盆满钵满，然后拍拍屁股走人。待享受完高速增长的GDP、税收排名快感后的政府官员幡然醒悟的时候，为时已晚。面对开发商留下的"一地鸡毛"，政府不得不花费更多的人力、物力、财力来收拾这堆"烂摊子"，尽管有时会抓耳挠腮，却只能"打掉牙齿往肚子里咽"。当然，往往这些都是后来人的事情了，因为前任领导可能因"政绩突出"早就调离了，多数都是升迁了。

正是一地一地、一任一任的领导都秉持这样的思维，导致当前不少城区存在"商务楼、商住楼混建、不同业态混杂的楼宇多，专业化的楼宇少；重开发楼宇的多，重经营楼宇的少；产权分散、所有权与经营权分离的楼宇多，整体出售、自我经营的楼宇少"的"三多三少"现象。这在一定程度上影响了楼宇的品位和效益。尤其是许多开发商对商务楼宇实行分割销售，造成了许许多多分散的小产权。某地曾有一幢总建筑面积不过1万平方米的商务楼，业主却多达几百个，业主持有的房屋面积最少的只有二三十平方米。

产权过度分散、所有权与经营权分离，无形中增加了楼宇资源调控、物业统一管理、招商导向选择的难度，给楼宇经济发展带来了极为不利的长期制约因素，也导致了招商的低效率和企业入驻的短期化。2010年，深圳福田区曾对50幢"亿元楼"做过一次调查，有关数据表明，单一业主的楼宇单位占地面积、单位建筑面积税收产出分别是多业主楼宇的2.9倍、2.1倍。可见，产权过度分散是发展楼宇经济的"大忌"。

▲ 2018年6月6日,在第四届中国楼宇经济峰会上,就"楼宇经济:从高速增长到高质量发展"进行嘉宾对话。

▲ 2019年8月9日,接受南京市融媒体新闻中心采访。

③

楼宇经济大有可为

楼宇，不仅应该是城市的"经济地标"，也应该是城市的"人
文地标"。

——夏效鸿

　　"聚之为村，围之为城，易之为市。"从美索不达米亚平原的苏美尔人建造出人类历史上第一座城市起，城市，就成为人类灵魂与肉身的安放之所。所以，人们说，建筑是人类的精神图腾，它不仅承载着居者的生活，是其人生的"年鉴"，更记录了人类社会演进的痕迹，是人类文明的纪念碑、"活化石"。

　　"筑城以卫君，造廓以守民。"由于迁都频繁，中国很少有像埃及和美索不达米亚平原上那样宏伟的建筑遗存。人们说，建筑是最好的历史老师。它以可见形态浓缩抽象的思维，展示着时空的并立、积聚、延续、演绎，以空间扩张、时间千古绵延的方式存在着。城市犹如人体，有收缩和衰变，必然也会有扩张和新生。我们已经习惯了城市的蔓延生长，也意识到了城市不可能一直扩张。有人说，城市增量发展的时代已经结束，也有人说，中国城市社会建设才刚刚起步。虽有些莫衷一是，但有一点是可以肯定的，就是城市改变了或正在改变着人们的生活。

　　城市，让生活更美好。近年来，随着城市化进程的加快推进，大大小小的城市变得日益"摩登"起来，高楼、广场、公园、人流成了人们印象中城市的代名词。从这个层面上说，楼宇也改变了城市，或者说正在改变着城市。但当你去过许多城市之后，你会越来越感到走到哪里都似曾相识，颇有"他乡遇故知"之感。如果你不选择标志性建筑而只是随手一拍，然后把照片发到朋友圈，也许人们都分辨不出照片是在哪座城市所拍。千城一面、千楼一面无疑是当前城市建设的"通病"。值得庆幸的是，在有识之士的奔走呼吁下，楼宇不是越多越好、不是越高越好的理念逐渐被人们所接受，楼宇建设同质化、标准化、模式化现象得到了一定程度的缓解。许多地方政府意识到，除了兴建高楼大厦，古镇、街区、园区、专业市场等也可以用来发展经济，从而呈现出楼宇载体多元化、个性化的发展格局。

工业经济看厂房，现代服务业经济看楼宇

作为提升城市品位和功能层级的重要手段，毋庸置疑，楼宇经济已成为城市竞争新的"角逐场"和城市未来发展的"新引擎"。无论是以前的城市建设，还是后来的城市运营，甚或当前的"去库存化"，地方政府之间总是明里暗里保持着一种竞合关系，表面看起来一团和气，甚至是友好城区，背地里却为排名相互较劲，甚至在招商引资中使尽招数相互"挖墙脚"，这些现象从各地竞相攀比楼宇高度、楼宇形状及楼宇招商、楼宇税收中也可见一斑。地方政府在意的是能否获得更高的税收，几乎没有动力去从整个区域着眼进行规划协调。

我不想评论这样的竞争对整体经济发展而言是对是错、是福是祸。我想说的是，仅就经济发展而言，这样的恶性竞争伤害的其实是双方的利益，最终结果只会是"鹬蚌相争，渔翁得利"。

当然，竞争是无所不在的，市场经济本就是一种竞争经济。在工业化时代，企业都集聚在厂房里生产，工人在工厂里活动；后工业化时

代，大量的现代服务业企业入驻楼宇，白领们在高楼大厦中集聚，越来越多的城区现代服务业的税收产出逐渐在地方财政收入中"三分天下有其一"甚至占据了"半壁江山"。在工业化社会，厂房是产业的载体；在现代服务业社会，楼宇是产业的载体。如果说，工业化时代发展工业靠的是厂房，那么，后工业化时代发展现代服务业靠的就是楼宇。

楼宇经济通过整合现有的产业资源、品牌资源、管理资源等，将一幢幢楼宇、一个个楼宇集群打造成城市的新门面、新窗口、新客厅，无论从外观形象、产业基础，还是从发展活力、发展潜力来看，都为城市的结构调整、产业转型、企业成长提供了强劲的"加速度"。因此，一幢幢现代化的楼宇、一个个现代化的楼宇集群，给城市发展带来的不仅是视觉上的唯美享受，更是一桌盛满经济效益、社会效益、人文效益、生态效益的饕餮盛宴。

从"建筑盆景"到"产业风景"

实践证明，城市并不是一直等于"城＋市"。最早的城市并不拥有产业，只是消费中心，然后才慢慢出现了由商业和贸易的发展推动而产生的一些古代城市。直到工业革命后，世界上的城市才真正进入前所未有的快速发展阶段。只是此时的城市早已不是政治或军事上的中心，而更多的是资源调配的中枢，是区域经济、文化集聚的中心。以致到如今，越来越多的人选择生活在城市里，城市成为文明的象征，不断重塑着人类与地球的相处方式。"人们来到城市是为了生活，人们居住在城市是为了生活得更好。"正如亚里士多德所言，人们总是对大城市的生活充满着无限憧憬。

"城市，让生活更美好"——2010年上海第41届世界博览会确定的主题，已然成为21世纪的城市颇具震撼力的广告词。我们城市中的一幢幢现代化的楼宇，或揽山、或纳水，或精致、或简约，或卓越、或臻美，或驻足云端高空、或俯瞰城市一角，无论是从外形上还是内涵上，都给城市增添了无限魅力。楼宇经济的诞生，赋予了这些外形精美的楼宇更多的内涵，让它们从物理空间转化为产业空间、从集聚产业演变成创新生态、从时尚的"建筑盆景"变成了靓丽的"产业风景"。虽然从全国范围来看，楼宇的整体效益呈现出东部城市优于西部城市、南部城市好于北部城市的"东高西低、南'帝'北'丐'"现象，但从某一区域的局部层面来看，楼宇经济仍然是或正在成为各地支撑城市经济的主要力量，构筑起城市产业发展的一道道"风景"，从而在不同程度上改变着城市。

第一，楼宇经济让城市的面貌气质得以改变。南方城市与北方城市、省会城市与非省会城市、大城市与小城市、古老城市与新生城市，其楼宇的色彩、造型、风格、高度是大不相同的，这些多少都与城市的文化底蕴有关。然而，也正是有了这些不同，才成就了不同城市、不同楼宇的个性特色。因此，无论是外观的色彩、造型、风格，还是内部的装饰、色调、布局，鳞次栉比的高楼大厦无不融入了现代都市的文化元素，体现了城市内涵、充斥着时代气息、彰显着时尚活力。

第二，楼宇经济让城市的发展方式得以改变。从整体上看，一线城市乃至越来越多的二线城市的产业结构已经表现出制造业的"空心化"和中高端服务业的集中化。产业迁移影响的不仅仅是中国制造的地理分布，也对中国的人口流动、区域消费力和房地产市场产生着深远影响。而楼宇经济的发展，不仅集约利用了土地、空间、设施、产业等要素，共享了人才、资本、文化、信息等资源，也在一定程度上避免了城市"摊大饼式"的粗放发展甚至"四通一平""七通一平"的重复建设，降低了对道路、交通、绿化等公共配套设施的投入，以最小的投入获取了最大的产出，直接或间接地提升了城市的"经济密度"。

第三，楼宇经济让城市的竞争模式得以改变。过去一段时间，受要素资源、政策资源等的制约，许多城区的楼宇招商大都是靠拼土地、拼资源、拼政策来实现的。楼宇经济从1.0时代到2.0时代的10多年发展，一定程度上改变了城市拼资源、靠土地、唯GDP的传统的、粗放的竞争模式，转向拼楼宇、拼品质、拼服务，从而依靠高端的产业、人才、技术、服务、文化、品牌等软实力，实现了城市的可持续发展。

楼宇，靠效益说话

美国经济学家保罗·罗默指出，当人们在城市中集聚时，人与人之间面对面的交流能够产生新思想，所以城市化的功能就是产生新思想、新技术、新制度。因为城市有了这样的功能，所以人们集聚的密度越大，效率就越高。哈佛大学教授爱德华·格莱泽在《城市的胜利》中指出，因为人们在城市里的集聚，使他们能够进行思想交流，于是城市就成了创新的发动机。由此可见城市对于人们的重要性。

许多地方政府之所以不约而同地发展楼宇经济，更多的是看重楼宇经济能为地方财政提供税收收入。更直白一些说，是受直接的经济利益的驱动。更有甚者，抱有一种"刀下见菜"、急功近利的心态。其实，经济效益只是楼宇所能产生的效益的一个方面，除此之外，研究中我们发现它还能为城市发展带来社会效益、人文效益、生态效益。因此，我在全国第一个提出了楼宇"四个效益"的观点。在《中国楼宇经济发展报告（2011）》中，我们对楼宇的"四个效益"进行了比较系统的阐释。之后，楼宇的经济效益、社会效益、人文效益、生态效益的说法逐渐被引用。我们通常所说的楼宇效益，都应该从这四个方面的综合效益的角度来理解。

楼宇的经济效益，主要反映在楼宇经济所带来的GDP贡献、税收贡献上，而支撑这些经济指标的是一幢幢税收"亿元楼""千万元楼"。据研究，一幢高端商务楼宇中所产生的经济效益大致相当于城郊接合部7.8平方公里区域内所能产生的效益总和。在实际生活中，一幢楼宇的税收相当于一个开发区所产生的税收的情况比比皆是。早在2010年上海就出现了"月亿楼"，即一幢楼宇一个月的税收产出就超过了1亿元。如今，上海、深圳等地出现了月产税收2亿元楼，一幢高端楼宇的年税收产出甚至超过一个中等城市的城区一年的财政收入。所以，人们形容楼宇经济是"竖立的开发区"，是"金矿中的钻石矿"。从全国层面上看，许多发达城市的核心城区财政收入70%以上来自楼宇经济。深圳福田区2018年税收亿元以上楼宇就有86幢。可见，商务楼宇所能产生的经济效益是惊人的。

楼宇的社会效益，主要表现在楼宇经济发展大大加速了城市化进程。一幢幢楼宇的品质、管理、服务水平的提高，一定程度上促进了城市形象、城市管理、城市运营、城市服务水平的提升。而楼宇经济的发展给就业市场的扩容提供了新的载体，吸纳着大量的人员就业。这些都可以理解为或者说都已成为楼宇经济给城市发展所带来的可观的社会效益。

说起楼宇的人文效益，对比北方城市和南方城市、大城市和小城市、省会城市和非省会城市、副省级城市和地级城市，很直观的感受是南方城市和北方城市楼宇的形状不一样，大城市与小城市的楼宇高度不一样，副省级城市与地级城市的楼宇数量不一样，不同城市的楼宇色彩不一样。再仔细一看，楼宇外观的色彩、造型、风格和楼宇内的装饰、色调、布局也不尽相同。北方城市由于雨水少，所以楼宇顶部大都是平的，而南方城市雨水多，所以楼宇顶部多为尖的；大城市的楼宇普遍"高大上"，小城市的楼宇从高度、品质、品位来看，都稍显逊色。当然，这些年，摩天大楼常常在欠发达的二、三线城市矗立。有关数据显示，全球在建的摩天大楼中87%在中国，而中国的摩天大楼中80%分布在经济不发达的内陆地区。也许这就是楼宇人文效益的体现。不同区域、不同城市的楼宇都或多或少地反映、嵌入了一个城市的人文底蕴、和谐的产品美学、个性化与人性化的品质内涵。也正因为有了这些不同，才使我们的城市有了自己独特的魅力与个性。

楼宇的生态效益，是从楼宇经济整体层面上而言的。发展楼宇经济是一个系统工程，需要交通、绿化、管理、服务、环境等方面的综合配套，从设计、建设、运营，到建筑体量、建筑风格、空间布局，以及电梯、水电、车位的需求，都必须保持最优状态，从而形成一个整体的"生态链"，做到环保、绿色、低碳、节能。

可以这么说，对楼宇经济为地方发展所带来的可观的经济、社会、人文、生态"四个效益"的表述，丰富了楼宇经济的内涵，拓展了楼宇经济的外延，为地方政府发展楼宇经济提供了新视野，从而也打开了楼宇经济发展的"新窗口"。这就带给了我们深深的启示：在发展楼宇经济时，不能只盯着眼前的经济效益，而应该"择善而长"。许多时候，城市所处的区位、交通、环境、人文等因素的不同，决定了城市所能拥有的资源禀赋的多寡，如果仅仅简单地和别的城市比经济总量、税收产出、财政贡献度，有些城市也许会永远落在后面。因为城市之间有许多不可比因素，有些因素是先天性的。而如能以"田忌赛马"的思维择善而长、"弯道超车"，比人文、比生态，你就可能会从"红海"跳到"蓝海"，抢占制高点，闯出另一番天地。

楼宇改变城市

建筑大师贝聿铭指出，"建筑的目的是提升生活，而不仅仅是空间中被欣赏的物体而已"。楼宇经济，赋予了城市新的时代特征，也为城市发展创造了新的空间、构筑了新的载体、充实了新的内涵。正如纽约的曼哈顿、东京的新宿、香港的中环、上海的浦东……鳞次栉比的楼宇正以其独特的个性魅力，为城市发展增添了魅力、注入了活力、拓展了实力，驱动着城市的时尚转型，成就着城市发展的一个个新地标……总体上看，楼宇经济在城市发展过程中，至少扮演着三大角色。

第一，楼宇经济扮演着卓越品质的"先行者"角色，成就着魅力城市。商务楼宇聚集的地方，就是财富聚集的地方；商务楼宇的档次，代表了城市的档次；商务楼宇的高度，就是城市财富高度的最经典具象。楼宇经济从品质、管理、收益等多个层次助力城市的升华，极大地展示了城市形象、增添了城市魅力、提升了城市品位。华尔街、帝国大厦、上东区、第五大道、中央花园……这些闻名世界的商务区、高端的住宅区、公园区、购物区等组成了耀目全球的纽约CBD曼哈顿，使其成为世界金融巨头的集聚地。以楼宇经济为标志的新一轮经济发展，正夯实着城市经济发展的后劲，带动着经济总量的快速、持续增长，促进着现代业态的形成，从而实现"经济升级、城市转型"，做强做精区域经济。杭州下城区以武林广场为核心的总面积2.5平方公里的武林中央商务区，就集聚了税收亿元楼宇25幢，渣打银行、摩根士丹利、普华永道等众多外资银行和财富管理机构入驻其中。2018年这一中央商务区共实现税收产出45.19亿元，地方财政收入24.77亿元，平均每平方公里的税收产出就达18.076亿元。

第二，楼宇经济扮演着自主创新的"领头羊"角色，成就着"活力城市"。城市发展的历程有力地证明，一个有生命力的城市应是一个既有"根"又重创新的城市；应是既有历史的厚重感，又有现代时尚感的城市；应是既有发展潜力，又有持久活力的城市。当你走进活力十足、热气腾腾的城区，随处都能感受到沸腾的建设氛围和时代感浓郁的商业气息，穿梭的车辆、喧哗的闹市区、缤纷的霓虹灯，加上人来人往的中央商务区、千姿百态的商务楼宇、活力四射的"特色街区"，处处彰显着城市的魅力、时尚的活力，让人们在人头攒动、声色犬马的大街小巷深刻地感受着城市的动感、时尚、速度。如北京的高端购物集聚地新光天地购物广场拥有90多个国际顶级品牌、938个全球知名品牌，24家首次在中国开设专柜的知名品牌店、53家首次在北京开设专柜的知名品牌店。上海陆家嘴金融贸易区146家商务楼宇中集聚了556家金融机构，约占全市金融机构总数的70%。这些国内外著名企业总部和高端机构的入驻，给城市带来的不仅仅是经济效益，更主要的是创新的活力、管理的能力、品牌的实力。

第三，楼宇经济扮演着品牌建设的"排头兵"角色，成就着"实力城市"。楼宇经济是城市经济转型、产业升级、能级提升的新引擎，从重庆的"数字大厦"到上海的"智能楼宇"，从深圳的"城市装修"到宁波的"智慧楼宇"，如雨后春笋般出现的商务楼宇无不彰显着惊人的聚富能量和创富动力，凸显着楼宇经济的软实力，引领着楼宇经济从1.0时代迈向2.0时代，不断提升着城市的经济密度和城市经济的容积率。一幢楼宇足以成就一个城市的品牌，一幢楼宇可能产生相当于一个园区的税收。可见，吸取城市核心区优质资源、共享全球资本互链关系的一座座标志性楼宇正步入"世界时区"，彰显着楼宇经济惊人的发展潜力和发展实力，昭示着楼宇经济"铂金时代"的来临。

楼宇，城市"新名片"

　　无论是从外在的感官角度看，还是从内在的实际效益看，楼宇都在一定程度上充当着城市"名片"的功能，有意无意地推介着城市，并从不同角度、以不同的特色，着力塑造着"人文城市""速度城市""时尚城市"这三张名片。

　　第一张名片，是"人文城市"的名片。城市是形象了的文化。从根本上说，城市的魅力来源于城市文化的特色，即使是城市唯美的建筑和精致的景观，其本质也是城市文化特色的体现。楼宇经济的形成依靠的不仅仅是建筑物和建筑物中的经济交易活动，还需要一定的文化积淀与生态环境。以前散落于城市各个角落的文化碎片在楼宇里集中体现，为城市注入了更多的文化内涵，赋予了城市发展更强的生命力、爆发力和影响力。无论是从楼宇外观的色彩、造型、风格看还是楼宇内部的装饰、色调、布局看，无论是从精心导入的生活理念看还是商务、社交的完美融合，林立的楼宇以当代先进的技术管理、和谐的产品美学、个性化的品质内涵，在创造更多城市美丽的同时，还承载着一个时代的文化价值、体现着城市的文化内涵；而楼宇文化的弘扬，又从一定程度上激发了楼宇经济的动感与活力，形成了躯体和灵魂的完美结合，传承着城市独特的核心竞争力，不断创造着经济、社会、人文、生态价值的总和。比如，南京鼓楼区山西路商圈作为现代化综合性商贸商务中心，其周边的民国建筑群、文化艺术中心及诸多高校，就为其增添了浓厚的人文历史气息。

　　第二张名片，是"速度城市"的名片。通过楼宇经济的发展集聚、整合产业资源、品牌资源、管理资源等，形成产业、品牌、管理优势，为产业、企业的获益成长提供了强劲的"加速度"。因此，楼宇经济集聚区作为城市的核心区、新窗口，无论是地理位置、产业基础，还是发展潜力、发展前景，都被广泛看好并且令人振奋。如杭州下城区推出的《楼宇经济发展三年行动计划》、杭州西湖区实施的"9303工程"等，都较好地推动了当地的楼宇经济发展，全区各项经济指标都以10%左右的速度增长，这其中楼宇经济就是一支重要的推动力量。尤其是对于一些二、三线城市的新区、开发区而言，新一轮发展才刚刚掀开篇章，如何在有限的土地上创造出更大的效益，在楼宇经济方面大有文章可做。

第三张名片，是"时尚城市"的名片。楼宇经济所集聚的高端产业、高素质人才、高品质服务等，展现给人们的不仅是一种品牌、一种氛围，更是一种潮流、一种时尚。这种时尚、潮流，正培育、衍生着上下游产业链，引领着人们的消费观念，创造着品牌效应，塑造着时尚之城。各具特色的地标楼宇、纵横交错的特色街区、随处可见的休闲场所，使自然禀赋中浸透着闲适文化、古老文化中飘逸着现代气息。人们在楼宇中创业、在茶室里休闲、在特色街区逛悠，张弛有度的休闲模式让创业者在人与人的直面交流中，不断涌现一个个创作灵感，不断迸发一朵朵思想火花，形成品位休闲与活力创业的互动发展。融生产、生活、生态于一体的建筑理念，让一幢幢商务楼宇成为引领时代、延续财富的时尚蓝本，构筑着城市的"首善之区"。如杭州西湖区依托"中国休闲城市"的优势，在楼宇经济发展中积极融入"在休闲中创业、在创业中休闲"的理念，以更完善的配套设施服务人、亲近人、愉悦人，打造"人的CBD"，取得了令人满意的效果。

楼宇文化：楼宇经济的永久"发动机"

20世纪著名的建筑大师、城市规划师勒·柯布西耶曾经说过，"每座城市都需要带领步入国际化的城市综合体"。城市，因商业而繁荣；城市，因文化而传承。

现实生活中，文化在商业冲动面前常常是脆弱的。这就是许多年代久远的历史建筑都毁于开发商之手的原因。因为商人很少有真正懂文化的，准确地说是很少有重视文化的，即使懂文化、重视文化，在文化和利益面前，许多人还是会不假思索地选择后者。商人都是逐利的，这也无可厚非。但就一个城市而言，毕竟文化是城市的DNA，是城市的灵魂，是城市的软实力。作为城市的管理者，不能任由房地产开发的大拆大建而让城市遭受文化断层。这是政府需要重视的问题，也是政府需要办好的事。

美国未来学大师阿尔文·托夫勒有一句经典语录："哪里有文化，那里早晚就会出现经济繁荣；而哪里出现经济繁荣，文化就会向那里转移。"的确，经济和文化从来就是一对孪生姐妹、一对伴生矿。对于一个城市来说，楼宇经济要想取得长远发展和持续繁荣，离不开楼宇文化的营造和弘扬。这里所说的文化，既包括楼宇自身的文化，也包括楼宇内企业的文化。

正如伊利尔·沙里宁所言，文化代表了一座城市的价值追求和走向未来的理想。一个城市的特色犹如一个人的个性，一座没有特色的城市就像一个没有个性的人一样，无法显示出独特的魅力。而能让城市有特色、有个性的，是城市的文化。"百年建筑千年城。"要想让城市有底蕴，必须大力提升作为现代城市标志之一的楼宇的文化魅力。这也是楼宇经济发展中所必须坚持的。

要提升楼宇的文化特色。在楼宇的外观、造型、风格、色调、布局上充分融入和展现城市的历史底蕴、文化内涵，使其成为城市的建筑美学标杆和城市人文生活地标。

要丰富楼宇的文化内涵。注重楼宇的文化配套、文化设施、文化活动的跟进，如开设"白领午餐""白领学堂""白领驿家"和"楼宇邻里节""相亲交友会""主题沙龙"等主题活动，丰富年轻人的文化、生活、交友需求。

要培育楼宇的企业文化。企业文化是企业的竞争力、生命力。"一年企业靠产品、十年企业靠管理、百年企业靠文化。"企业要想获得持续发展，必须提升文化软实力，包括企业的产品文化、品牌文化、员工文化等。

楼宇，不仅是城市的"经济地标"，也应是"人文地标"

城市是有生命的，生命的基因就是城市的文化。鳞次栉比的商务楼宇在承载产业发展的同时，也承载着一个城市的文化。因为商务楼宇集聚了城市中最发达的商务业态、最新型的商务模式、最有特色的人文色彩，具有城市建筑美学的标杆和城市人文生活的地标功能。

《纽约客》中有这么一句话：如果你能让纽约知道你的名字，那全世界都会知道你，因为这里是纽约。的确，每一座享誉世界的城市皆有彰显其国际地位的建筑标志，纽约的帝国大厦、吉隆坡的"双子塔"、上海的"东方明珠"、广州的"小蛮腰"……这些建筑犹如一张张名片，随时随地、有意无意地推介着自己的城市，从而成为城市的代名词。城市是需要地标的，但如果建筑师们都争相标新立异，就会破坏城市风貌的一致性，甚至社区的识别性。其实，城市地标并非都是高楼大厦，大到一个广场、一幢楼宇、一条街区，小到一尊雕塑、一处故居、一座小亭，都可能成为城市的地标，关键在于这个地标是否体现了城市的个性，在于这个地标在多大程度上融入了城市的文化。

按国际经验，当人均GDP达到6000美元时，工业不再是绝对主导，而会出现工业与服务业并驾齐驱或以服务业为主导的产业结构。当人均GDP达到1万美元时，是高层楼宇特别是超高层楼宇集群发展期。但有一点必须牢记：决定城市高度的，不是高楼大厦，而是城市的文化。

澳大利亚的德波拉·史蒂文森在《城市与城市文化》中指出："对一些人来说，城市就像巴比伦古城一样，是一个要逃离的场所，要么归隐山林，要么就躲在恐惧之墙背后。而对于另外一些人来说，城市却是一个要重新改造、重新构建的场所。"近年来，随着一些具有百年历史的仓库、厂房、厂区被一幢幢高楼大厦所替代，不少城市的历史记忆犹如碎片一样散落在同质化的高楼大厦中。现代化楼宇虽然为城市带来了可观的经济效益，但城市符号、城市文化却正在消失。而"雷人"设计的频繁出现，更是让许多城市沦为西方设计师的"跑马场"、西方设计理念的"实验室"，造成了城市景观、生活方式、文化生态上的"去中国化"。正因如此，我们在2019年6月举行的"第五届中国楼宇经济峰会"上，就以"楼宇经济发展与工业遗产保护利用"为主题，探讨在城市化进程中如何保护利用工业遗产问题，引起了与会者的共鸣。

建筑设计是一种未完待续的艺术。"反认他乡是故乡"现象，不仅直接破坏了城市在千百年历史中积淀而成的空间布局、建筑样式、文化特色、审美风格，也抽去了隐含其中的中华文化的理念、精神、生活方式和价值体系。因此，要深耕城市文化土壤，将传统文化的标志性元素纳入城市设计，把楼宇建成传承城市历史文脉、再现城市时代精神的地标性建筑，为传统文化接引"迷路的城市设计"回家。

城市是人类活动的容器。提升楼宇经济的人文效益，也是在弘扬一座城市的文化。因此，我们在打造特色楼宇、特色街区的同时，要注重在楼宇的外形、风格、色彩、布局中融入城市的文化特色，形成具有城市特色的楼宇文化，和谐体现城市的历史感、现代感，让现代化的楼宇成为城市的地标符号、点睛之笔。要大力培育文化内涵、挖掘文化元素，通过创意开发、创新活化，增强百年老街、小洋楼、工业遗存等历史元素的文化内涵、功能、品位，凸显城市的历史感、人文感、厚重感，从而以"场所精神""场所文脉"塑造各具特色的城市文化、城市品牌、楼宇品牌，使一幢幢楼宇不仅成为城市的经济地标，也成为城市的人文地标。在这方面，上海为我们树立了样板。

别让文化在"东施效颦"中流逝

"见贤思齐焉，见不贤而内自省也。"这些年，我们一直在向西方学习，向发达国家学习，这本无可非议。但本该是"师夷长技以制夷"，却往往"东施效颦"，不但没有学到多少新的东西，反而让原有的许多优秀的东西加速流逝，如道德、操守、文化、诚信……人们在追逐金钱的路上越走越远。金钱，正成为人们衡量一个人的历史成就、社会地位的重要标准，有些时候甚至是唯一标准。这不是一个好兆头，应该引起高度重视。

似乎整个社会都在崇拜金钱，尤其是对于年轻人来说，这种崇拜非常可怕。稍微留意一下，你会看到许多大学生在淘宝上卖服装、卖面膜所花费的时间和精力超过了自身花在学习上的时间和精力；你会看到许多人为了钻政策空子多得一套房而去排队"假离婚"或"假结婚"；你会看到父辈在医院奄奄一息，子女们却在为争父辈财产而对簿公堂；你会看到子女们住着豪宅、开着豪车，却让父母住福利院……在这些现象的背后，是中国几千年塑造出的"孝悌忠信，礼义廉耻"的传统文化的逐渐丧失。人们的价值观出现了问题。

爱因斯坦曾说过，教育就是当一个人把在学校所学全部忘光之后剩下的东西。这从一个侧面说明了人文教育、素质教育的重要性。应该说，随着受教育水平的提高，人们的整体素质也在提高。而这些人文素质反映到社会上就是一种文化。如果你去日本、韩国就会发现，在中国受冷落甚至逐渐丢失的书法、武术、中药、中医等传统文化，在那些国家却十分流行。韩国甚至将中国的传统节日端午节拿去"申遗"。

说这些是为什么呢？这些与楼宇经济有关吗？答案不仅是"有"，而且是"非常有"。因为你要关注楼宇经济、研究楼宇经济，必须先关注、研究楼宇中的人。就物理概念而言，楼宇是一种空间、一种载体，它不仅承载了产业，也集聚了人。但楼宇不能仅仅停留在空间、载体的层面，它应该成为一个城市的容器、一种文化的阵地、一席创新的营地。如今，"85后""90后"甚至"00后"逐渐成为楼宇中办公人群的主体，年轻人有年轻人的梦想、年轻人有年轻人的追求、年轻人有年轻人的关切。从这个意义上说，楼宇不应该是冷冰冰的，而应该是热腾腾的；不应该只是工作的场所，更应该是生活的空间。能让"冷"楼宇"热"起来的，是文化，而一旦"冷"楼宇"热"起来，也更能形成有特色的楼宇文化。

平心而论，这些年各地政府、企业在楼宇经济发展中还想了不少点子，涌现了许多创新的案例，这在我们每年出版的《中国楼宇经济蓝皮书》中都有经典的案例呈现。但实事求是地说，其中也不乏"东施效颦"之举。复制粘贴、信手拈来虽容易，但未必能有生存的"土壤"。各地的人文、环境、产业、生态、习俗不同，如果不能立足本地实际去继承、创新文化，只是一味地模仿、复制，最后只能永远地落在别人后面当"跟班"、当"配角"。

▶ 2011年3月18日，在芜湖镜湖区委理论学习中心组（扩大）学习报告会上做"'皖江开发带'视野下的镜湖楼宇经济发展"专题讲座。

◀ 2012年3月17日，在杭州江干区"四季青大讲堂"做"'钱塘江时代'CBD中心区的楼宇经济发展"专题讲座。

▶ 2013年8月30日，在南京秦淮区委理论学习报告会上做"城市新格局下的秦淮楼宇经济发展"专题讲座。秦淮区委书记郑晓奇等区委中心组全体成员出席，区直部门、企业家等近600人与会。区委常委、宣传部长张望主持讲座。

▶ 2012 年 5 月 11 日,在温州市乡镇(街道)、功能区党政正职培训班上做"楼宇经济发展与'三生融合、幸福温州'建设"专题讲座。

◀ 2012 年 9 月 26 日,在济南市中区楼宇经济发展专题报告会上做"'省会现代中心城区'视野下的楼宇经济发展"专题讲座。市中区委书记孟庆斌、区长王勤光及几大班子负责人等200多人与会。

▶ 2012 年 10 月 18 日,在潍坊奎文区"干部大讲堂"做"'现代化商务中心'视野下的楼宇经济发展"专题讲座。奎文区委书记李辉、区长宋均圻、区委副书记李兰祥、区委常委组织部长高志秀、副区长任祥等几大班子领导、企业家等200多人与会。

04

楼宇经济发展中的
"躁动"与"茫然"

经济规律从不相信行政命令。抓经济工作不能"抓灰掩火"
"按下葫芦浮起瓢"。

——夏效鸿

也许在有些人眼里，楼宇经济是"一家之言"，似乎与己无关。甚至有人会误认为，楼宇经济就是房地产，抓楼宇经济就是建楼卖楼。这都情有可原。你不能要求所有人都懂这个概念。毕竟，它也是个新名词。

泛泛而言，楼宇经济应该是一个区域经济的概念、一个"中观经济"的概念。而往往这么一个小概念，却能"窥一斑而见全豹"。因为，弄懂了楼宇经济，你就弄懂了城市经济；弄懂了城市经济，你就弄懂了中国经济。

不是很恰当地套用一下马克思《资本论》中的"资本来到世间，从头到脚，每个毛孔都滴着血和肮脏的东西"这句话，我想说的是，楼宇经济从头到脚都充斥着运营的理念，而不是建设的理念。谈起楼宇的运营，那就不得不谈到楼宇的招商引资。目前，各地的招商引资模式正陆续从优惠政策主导阶段、投资环境主导阶段转向产业环境主导阶段，这是一种可喜的现象。我想强调的是，招商引资一定要全国"一盘棋"，千万不能"各人自扫门前雪"，更不能"窝里斗"。俗话说，"肉烂了在锅里"，我一直认为，"挖墙脚"式的招商引资当休矣。

"良禽择木而栖。"企业要发展，肯定要选择一个适宜的地方，这一点，企业家心里比谁都清楚。而企业不管是入驻哪个城市，始终是在中国的土地上，它们所产生的 GDP、税收，也都是在全国的"大盘子"里的。

因此，经济发展一定要有全局眼光、全国视野，要有全国"一盘棋"的理念，招商引资是要把"蛋糕"做大，而不是把企业从东部挪到西部、把税收从"左口袋"挪到"右口袋"。你有能力，你就去国外招商、去境外招商，把国外的、境外的企业引进来，而不是在省外、市外甚至区外的企业中"你争我夺""窝里斗"。

招商引资不是政府的事

在关注楼宇经济发展的这17年里，我们发现，从楼宇建设到楼宇运营，从楼宇管理到楼宇招商，无论是政府工作人员还是企业家，大家普遍感觉很累，也很茫然，准确地说是琐事羁绊正事、茫然导致心累。因为心累比身累会让人感觉更累。

政府工作人员常常感觉很委屈，自己辛辛苦苦"5＋2""白＋黑"的"店小二式"服务，却往往收效甚微，甚至还有些企业不领情。我觉得，这是我们的理念出了问题，包括发展理念、施政理念。政府为企业服务是对的，但政府与企业之间也应该有个边界，不能完全围绕着营商环境而工作。许多时候，政府工作人员常常会走极端，要么不闻不问，要么攥在手心，让企业要么无人问津，要么受宠若惊。正确的方式应该是，政府服务要把握好度，既不要让企业"找不到门"，也不要让服务过了头，甚至越俎代庖，更不能当"卷帘门""旋转门""玻璃门"。这就是通常所说的政府角色的缺位、越位、错位问题。

应该说，这些年我们政府官员的自信心更足了，更准确地说是"施政自信心"更足了。这是好事。但政府部门往往会给人一种盛气凌人的强势感，也常常会面临"越俎代庖""手伸得太长"的质疑，它们习惯以行政手段、行政命令去干预企业，总认为自己是对的，以致在经济发展过程中，常常根据自己的判断、自己的喜好去行事，并要求下级也这么做、要求企业也这么做。而下级即使对有些做法不认同或有异议，也不会或不敢提出质疑，只能照单全收地执行。结果一旦出了问题或有什么闪失，决策者只会从其他方面找原因或问题，却很少追根求源地怀疑自己当初的决策。

地方政府是这样，企业也是这样。企业作为市场的主体，本该在市场中依据自己的愿景与判断去经营，但地方政府招商引资、产业政策、产业目录的引导和扶持资金的诱惑，有些甚至是渗透了行政力的"指挥棒"，往往让这些企业无所适从、不敢越雷池一步，只能沿着政府的"指挥棒"亦步亦趋地"摸着石头过河"，因为它们不知道下一秒会发生什么。在这样的不安全感的压力下，本该在市场经济大潮中奋力拼杀的企业家们，却变成了跟在政府后面亦步亦趋的"店小二"，显然是本末倒置。

其实，招商引资不是政府的事。政府该做的是为企业的招商引资"搭台"，让企业去"唱戏"、去"挑自己的菜"。因为在市场经济体制下，企业是市场竞争的主体，与政府相比，企业离千变万化的市场需求和未来捉摸不定的科技前沿最近，企业是市场信息的第一个接收者，对市场需求最为敏感；而政府可以说是市场信息的最后接收者，政府据此制定的产业政策，往往跟不上市场的变化，是滞后的。从这个意义上说，企业家比政府官员更懂得市场，更知道自己需要什么。政府对企业的正确引导方式应该是：为企业创造发展环境、搞好政府服务、搭建发展平台。像2019年的全国"两会"上一名人大代表所说的，要让企业

由"事前疑心、当下闹心、事后担心、对未来不上心",转变为"事前
放心、当下顺心、事后开心、对未来有信心",其他的都是企业自己
的事。

我曾到过北方某城市的一个城区,为引进上海一家银行的区域总
部,该区的招商队伍跟进了一年多,终于谈妥了条件。双方约定举办一
个由城区领导、银行高层见证的签约仪式,前一天晚上双方还在一起餐
叙,但第二天仪式快要开始的时候,仍不见银行高层露面,并且手机关
机,工作人员集体失踪,签约仪式不了了之。可几天后,这批人员却出
现在了隔壁城区的签约仪式上。这件事闹得两个城区的领导之间很不开
心。可想而知,对方开出了更加优惠的条件。试想,这样的招商引资有
什么意义?这样的互相残杀究竟能不能给地方经济、给国家带来好处?
这是一个值得深思的问题。

靠"政策洼地"发展经济之路走不远

改革开放40年来,为促进地区经济发展,各地政府都出台了支持
产业发展、招商引资的优惠政策,有些除了正式对外公布的红头文
件外,"箱底"还藏有针对个别企业"一事一议"的个性化政策。一时
间,各地招商队伍纷纷带着政府红头文件四处招商洽谈。优惠政策成为
地方政府招商引资的"金名片"和"敲门砖",企业负责人开口的第一
句话大多会是"有什么政策"。

北京大学国家发展研究院教授张维迎2015年3月在中国宏观经济研
究中心做了题为《中国转型究竟靠什么》的演讲,他指出,"产业政策
基于这样一个假设:政府官员比企业家更有能力判断未来。但这个假设

是不成立的。如果一个国家用产业政策来指导企业家创新，这个创新一定会失败。同样，企业家跟着政府的产业政策走的话，也不可能有真正的创新，你能看到的是拿到政府的钱的人大多在技术寻租，政府高科技补贴变成投资与高科技不相关的东西"。

2014年，国务院出台了《关于清理规范税收等优惠政策的通知》（国发〔2014〕62号），规定对一些地区、部门对特定企业及投资者（或管理者）等在税收、非税收收入和财政支出等方面实施的优惠政策进行清理，实行税收政策制定权限、规范非税收收入管理、严格财政支出管理等。看到这个文件我满心欢喜，心想招商引资的漏洞即将被堵住，"政策洼地"会被逐渐填平。文件下发后，许多地方政府官员蛰伏、观望、等待了好一段时间，显得"六神无主"。因为这些年地方政府在经济工作中唯一擅长的就是出政策、搞奖励，离开了这些，很少有地方政府能拿出更多发展经济的实招。可以这么说，抓经济工作始终是地方政府工作中的最大"软肋"。说实话，地方各级政府中真正懂经济的官员太少了。

2015年年初，国务院又出台了《国务院关于税收等优惠政策相关事项的通知》（国发〔2015〕25号），规定"各地区、各部门已经出台的优惠政策，有规定期限的，按规定期限执行；没有规定期限又确需调整的，由地方政府和相关部门按照把握节奏、确保稳妥的原则设立过渡期，在过渡期内继续执行"。政策似乎又被拉回到原有的轨道。因为，靠政府出台优惠政策发展经济几乎已经是各地政府惯用的手段了，舍此别无他法。可问题是文件发了一大堆，优惠政策几乎年年更新，但效果仍然微乎其微。犹如病人用多了抗生素，已经产生抗体了。可见，发展经济专靠政府发文件、出政策构筑"政策洼地"肯定是不长久的。道理很简单，一个正常的生命有机体，不能仅靠"输血""补血"，而要靠自身功能"造血"。政府不能越俎代庖，企业也不能"有奶便是娘"。

张维迎教授形容产业政策"是穿着马甲的计划经济"。这话挺幽默，也很直率。因为产业政策往往惠及的只是一部分人而不是所有人，是大企业或有关系的企业而并非真正需要支持的企业，这必然导致权力寻租和腐败。现实中大量存在的现象是，一些企业家不是热衷于"寻利"而是热衷于寻租，只要政府有优惠政策出台，就在琢磨着如何顺着政府的思路，变着花样从政府手里拿到这笔钱，而不是想着把企业做好、为消费者生产出更好的产品，甚至出现类似家电、新能源汽车等产业的"骗补"现象。更可怕的是，个别地方政府竟为了提高业绩或完成任务，与相关企业形成"骗补"利益链。这样一来，一方面是众多的公共政策被"肢解"、公共资源被侵犯所形成的大量企业的政策依赖感；另一方面，许多企业享受了产业政策却并没有按照政府预设的轨道行进和取得政府预想中的效果，使产业政策在中国过去几十年的产业发展中并没有起到太多的积极作用。

我们姑且不去评论这些优惠政策是如何"出炉"的，也姑且不去计算这些优惠政策的"性价比"，单从优惠政策的享受范围看，人为设定一些条条框框本身就不科学，甚至可以说是一种政策歧视。因为从理论上说，政府的政策应该是公平的、普惠的，对一部分企业的政策优惠就是对另一部分企业权利的剥夺，这是"二次分配"的逻辑。更奇怪的现象是，真正能享受到这些政策"小灶"的偏偏是那些其实并不缺钱的企业，它们"财大气粗"，挟企业实力和各地争相抢夺的"香饽饽"自重，与各地政府讨价还价。地方政府求"资"心切，纷纷提出财政补贴、税收返还、土地低价……往往是门槛一家比一家低、政策一家比一家优惠，企业"货比三家"后择地而"栖"。

诚然，这些企业中也不乏发展得好的。但问题是即使是真的如同它们的商业计划书所描绘的发展蓝图那样，企业能给地方经济社会发展带来怎样的效益，但剔除政府的政策补贴及前期投入，真正能落到财政腰包里的又能有多少？可以说算起总账来许多都所剩无几，甚至是赔本买卖。更可悲的是，许多企业落地不久，又开始寻思着找下一个地方政府谈判，在政策优惠期结束后撤离到另外的城市（城区），继续吃上几年的政策补贴。有意无意间，政府便成了企业的"供养者"。不客气地说，不少企业就是这样被一个又一个地方政府给"喂"大、"养"肥的。

从另一个方面说，虽然企业是逐利的，但也应该有自己的长远规划，应该坚守自己的"底线思维"，不能以套取政府补助为目标，更不能"有奶便是娘"。只指望别人"喂奶"，而不学会自己"吃饭"，是长不大的。记得深圳的一位政府官员说过这么一句话："凡是天天找政府要政策的企业，没有几个最终成功的。"事实确实如此。

投资者并非"上帝"

这些年来，地方政府官员开口必谈招商引资，招商引资几乎消耗掉了政府官员一大半的精力，但效果如何？共同的答案是：在一波又一波的招商引资中，城市的地价被炒得越来越高、城市的房价也越来越高。

其实，许多客商都是奔着地皮来的，或者是房地产商"做地"，或者是企业变相"圈地"。一谈招商，首先必问能给多少地、地皮多少钱。我觉得，这不是一个企业该有的发展思维。明明城市里有许多的楼宇、厂房在闲置，完全可以通过租赁、购买的方式获得，却偏偏非得圈块地自己盖，你的真实目的是什么？

一个企业要发展，肯定要找到适合自己发展的地方，一个地区环境好，肯定有企业会来，根本没必要人为地制造"政策洼地"，相互残杀。招商引资的目的是经营城市，不是出卖城市。现在许多地方的招商政策其实是在出卖地方资源和利益。

　　一个不容忽视的现象是,一些欠发达的城市不是把心思花在如何提高城市的竞争力、吸引力上,而是热衷于花钱到外地城市去"挖墙脚"捞点便宜食,把本来落户在别的城市的企业挖过来。这种"不问耕耘、只问收获"的"割韭菜"心理,其实是另一种不劳而获,尽管它们看起来是在做工作。在招商引资过程中,政府、中介机构、企业几乎使尽了浑身解数,为了级级加压、层层加码的指标任务疲于奔命。有的地方政府为了取悦企业,甚至喊出了"投资者是上帝"的口号。

　　窃以为,"投资者是上帝"是谬论。投资者与被投资者是平等的,投资者是为了利益的最大化,被投资者是为了当地经济的发展,各有所需、各有所图。理论上说,投资者为的是自己,被投资者为的是当地百姓,被投资者更应该理直气壮才对。但事实恰恰相反,政府招商人员似乎成了赔着笑脸的推销员,有些城区政府甚至在领导的名片上印上"店小二"的星级标识。如果把投资者当上帝,你就是虔诚的教徒了,那"上帝"的话你必须得听,"上帝"的旨意你必须遵从,"上帝"的所为你必须接受。试想,如果把一个投资赚钱的商人奉为"上帝",那就不难理解为何会频频出现毒胶囊、毒奶粉、偷排废水废气、强拆民房等事件了。

　　在"投资者是上帝"这样的思维定式影响下,政府往往对企业疏于监管甚至"睁一只眼闭一只眼",生怕得罪了"上帝",让"上帝"跑了,或者因"营商环境不佳"被追责。一旦"上帝"出现破坏环境或侵害民众利益的行为,地方政府就会陷入两难境地,一边是自己的衣食父母,一边是自己请进来的"上帝",按理说谁也不好得罪,谁也不能得罪。但在许多地方,政府还是难掩庇护之心,天平还是明里暗里倾向了"上帝",以致出现许多抗议污染、抗议拆迁、抗议征地的群众集体上访事件,让疲于奔命的政府官员应接不暇,直呼"太累"。然而,又有多少人质疑过、思考过类似的"按下葫芦浮起瓢"的"抓灰掩火"之举呢?

对"全民招商"说再见

楼宇经济发展过程中，许多地区尤其是欠发达地区千方百计地吸引外地企业去本地投资或让本土企业"凤还巢"，以促进本地经济发展。这样做的出发点是好的，本无可非议。"为官一任，造福一方"，谁不希望自己任内多出政绩呢？

然而，经济发展是有规律的，企业发展也有其规律性。企业如同一棵树，本该在南方生长的，硬是把它挪到了北方，本该生长在热带地区的，你非得移植到寒带地区，它们很显然难以存活或生长不好。而各地一波一波的招商队伍恰恰充当了"搬运工"的角色，使得本该有序的经济规律被打破、本该和谐的营商环境被破坏、本该有规律的发展变得没规律。可恨的是，这样一种违背经济规律、违背自然规律的行为却愈演愈烈，有些地方政府甚至喊出了"全民招商"的口号，号召发扬"盯、黏、抢"的精神，变招商引资为"抢商抢资"，并且要求"困难不要讲、办法自己想、路要自己闯"。

"全民招商"作为一种服务态度可以接受，作为一种营商环境应该点赞，但作为一种经济发展手段，则显得十分荒谬，甚至可以称得上是一种违背经济规律的野蛮行为。这种"野蛮"首先体现在"全民招商"的高昂社会成本上。一群对招商地环境和企业并不熟悉的干部到某地招商，不待上一年半载混熟关系，企业会相信你吗？"全民招商"的野蛮也体现在招商数量的分配上。由领导拍脑袋定个招商指标，分配给招商人员定期完成任务。"全民招商"的野蛮还体现在舍本求末上。栽得梧桐树，才能引来"金凤凰"。招商靠的是环境，包括自然环境、人文环境、生态环境、产业环境等。有些城市对外宣传得很光鲜，招商人员夸得头头是道，可实际情况却是城市环境"脏乱差"，甚至"开门招商、关门打狗"，怎会有人把钱投到那里？连基本的环境卫生、城市管理都搞不好，怎会让人相信整体发展环境呢？企业家来了都是为了赚钱，不是来做慈善的。毕竟投资者是要付出白花花的银子的。

"病急乱投医。"在"全民招商"号召下，成百上千的机关干部分成大小队伍带着钞票奔赴预先设定的地区，他们在异地他乡大多像是无头苍蝇一样四处乱飞，被考核任务逼急了只能造假，"捡进篮子里都是菜"。有些生拉硬拽来的企业，明明知道那里不适合自己发展，硬是搭个简易厂房圈块地，坐等地价升值。这就不难理解为何各地的实体经济没有搞起来，却把地价、房价炒高了。

经济规律从不相信行政命令。不遵循规律办事、超越规律办事，早晚会遭到规律的报复。抓经济工作是个水到渠成的过程，千万不能浮躁。关键还是要耐住性子抓好本地的发展。政府不要过多直接参与企业的经济活动。政府对企业的态度应该是：你发展我鼓励、你困难我帮忙、你发财我高兴、你破产我惋惜。与其花大量的人力、财力、物力四处寻找企业，何不将用于招商引资的费用花在城市的建设、管理、运营上，营造出一个良好的营商环境，从而以环境引商、以口碑引商？

不要过度迷信电商

当下，互联网作为一种新兴的媒介和手段，正与实体经济相融合，成为驱动经济发展的一支"新军"。近年来，以阿里巴巴、京东、拼多多等为代表的电商发展势头迅猛，日益向与老百姓生活密切相关的领域

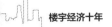

拓展。

在许多领域，传统社会之所以有生意可做，是因为信息的不对称，使社会的供给和需求始终是错位的，这就需要商人的商业行为去对接供需双方，商家也可以从中谋利。而互联网搭起的商业基础越来越完善，供给和需求可随时实现精准对接，所有的中间环节都被代替了，赚取差价的逻辑也就不存在了。因此，"商人"一词得重新定义了。

毋庸置疑，电商的快速发展，在对实体经济形成拉动作用的同时，也给实体经济带来了一定程度的冲击，一度引起实体经济业主的惊呼——"狼来了"。值得指出的是，电商的发展虽然在一定程度上改变了产业结构、产品结构、消费结构及人们的生活方式、消费方式，但也不应迷信电商，从而过度夸大电商的作用。

第一，不要夸大电商的冲击力。稍微留意一下就会发现，电商冲击的多是一些经营日常用品、同质化程度较高的产品的实体店，而对于一些经营贵重物品、个性化商品的实体店则影响不大，如经营钻石、手表、项链、首饰、定制服务等商品的实体店。这就要求我们的商业实体店及时向体验店、定制店方向转型，让人们在购物中体验、在体验中购物。

第二，不要夸大电商的经济效益。电商平台上的交易额，是卖方和买方的共同交易额的总和。而人们在一定时期内的购物总量总体是保持动态平衡的，如果在"6·18""11·11""12·12"这类商家"炒作"的节日里冲着优惠多购物了，就会在其他时间少购物，毕竟一定时期内家庭或个人的消费能力、消费水平是一定的，消费者不可能长期地超量网购。时至今日，没有一个权威的数据能证明电商能在多大程度上驱动人们的购物欲、提升人们的消费能力。

第三，不要夸大电商购买群体的规模。由于电商平台上的产品质量、商家信誉度都缺乏有效的监管，因此，电商产品的购买人群相对有限,多为"85后""90后",真正有经济实力、讲究产品档次、注重购物体验的人们一般不会选择网购。

第四,不要夸大电商的便利性。由于电商是以个体为单位派发物件,再由快递员分送到小区、住户的,这不同于大宗物品的整车、整箱长途运输,在便利人们购物、方便贸易的同时,其烦琐的物流环节给城市的交通带来了很大影响。

第五,不要夸大电商的贡献。由于许多电商没有办理工商、税务登记注册,因此个体店的税收始终处于"体外循环"的状态,除了淘宝企业的个人所得税等少量税种外,电商能提供的税收并不多。而网上商城动辄几十万、上百万元的店铺费用,一定会分摊到消费者头上,毕竟"麻里打油麻里出""羊毛出在羊身上"。值得肯定的是,一个新事物的出现一定有它的积极意义,电商的最大贡献在于它拉动了就业。严格地说,是社会效益大于经济效益。

第六,不要夸大电商的前景。随着电商的兴起,电商的商务成本也越来越高。有数据显示,电商的成本中人工占11%、天猫扣点占5.5%、推广成本占15%、快递占12%、售后占2%、财务成本占2%、水电房租占2%,加上税务,如果没有50%以上的毛利率,电商根本没有办法持续经营。可见,电商的生存压力也是挺大的。

鉴于此,对电商这一新生群体,一味地"捧杀"和"棒杀"都是不足取的。作为社会分工精细化的产物,电商如何实现规范化,使人们在享受其促进社会就业、便民利民等正外部性的同时,规避其在产品质量、税收缴纳上的负外部性,才是我们应有的理性态度。2019年1月1日起施行的《中华人民共和国电子商务法》,对电子商务经营者、电子商务平台经营者和消费者的行为做出了法律规定,这无疑是一大进步。

创新资金应奖励研发主体而不是"组装车间"

近年来，为鼓励企业自主创新，各级政府及主管部门都以各种名义设立了创新基金、创新资金，以扶持各自领域的创新活动。

从光伏产业到新能源汽车再到人工智能产业，政府可谓耗资巨大，但大量的资金投下去效果如何？最终形成的是同类产业、同类企业一哄而起，从而导致大量的产能过剩、互相残杀、简单复制。由于缺乏核心技术，一段时间后这些企业烟消云散，留下一堆"破铜烂铁"，政府大量的资金打了水漂。在楼宇经济领域，也出现了许多"十佳楼宇""星级楼宇""等级楼宇"之类的评定，但真正的效果真的不敢恭维。

为何许多地方政府"扶持什么死什么"，以致出现"政府让你养猪，你就养鸡"的哀叹呢？一言以蔽之，就是中央的精神到下面逐渐走了样，许多做法都是官员"拍脑袋"想出来的，违背了市场经济的规律，上不接"天线"、下不接"地气"。一些政府官员甚至只顾着把资金分下去，至于这些资金该用在何处、怎么用、该产生什么样的收益，就没有了下文。这些年各级政府花在扶持企业的资金加在一起，总量还是不小的，但都分散在各个部门手中，又像撒芝麻一样撒向企业，没有形成"聚指成拳"的力量。有些地方还出现不缺资金的企业偏偏有多个部门的多头扶持，真正缺资金的企业却等不来资金的情况。

许多时候，政府的扶持政策一出台，响应者中不乏冲着钱而去的，这一点从申请项目的企业名录中就可以看出来，许多"土豪"摇身一变成为高科技企业的"化身"。另一个有趣的现象是，大量的软件公司不惜重金去开发游戏软件，却很少有企业去开发工业用软件，如CAD、

CAM等设计、制造用软件。可想而知，像这样以赚钱为目的、以挣快钱为目的的创新，对国力并不能带来本质上的提升。像这样的人去搞科技型企业，像这样的企业去引领新产业、新技术、新动能，不失败难道会成功？

做科研是需要有情怀的，不能以盈利为最终目的。深入调研一下你就会发现，许多企业以创新的名义申请了资金，干的却是"组装车间"的活。无论是新能源汽车，还是人工智能产业，许多企业从国外引进一点核心零部件，从国内购买一点配套部件，搭个简易厂房就开始生产，这从何谈科技？这怎么算创新？由于缺乏核心技术，企业的命脉始终掌握在国外公司手中，一旦国外禁止出口核心零部件，企业就会马上倒闭。中兴事件就是一个典型案例。

虽然中兴、华为事件深深地刺痛了国人的心，但事实上，我们的原材料、核心技术受制于人的例子比比皆是，这等于有一根绳子始终套在我们的脖子上，只是何时收紧的问题。独立、自强首先要不受制于人，得有自己的一套东西，这就是研发的力量。对于有的企业来说，由于政府的资金来得太容易，"崽卖爷田不心疼"，反正是政府的钱，不花白不花，花了也白花。可以肯定地说，如果是自己辛辛苦苦赚来的钱、是自己一分一厘攒下的钱，它们花起来肯定是另外一种态度。

鉴于此，政府资金集中扶持的应该是核心技术研发而不是零部件组装，如机器人的心脏、新能源汽车的电池等核心零部件。这一点要借鉴国家发展军工产业的经验和做法，每年组织一批核心技术成果集中攻关，哪怕把资金集中到一两项核心技术上，花上5年、10年甚至20年时间研发出来，也比搞一些低、小、散的"组装车间"强得多。

"贪大求洋"是压垮商业实体店的"最后一根稻草"

20世纪90年代初的国有企业下岗潮后，许多下岗职工自谋职业，在小区、街巷开起了便利店、小超市等，甚至出现过"就业一条街"的繁华景象。

21世纪初期，杭州市政府曾结合城市拆违、道路改建、街区整治等出台文件，允许拆迁后形成的沿路、沿街住宅"破墙开店"，成为轰动一时的新闻。应该说，这些举措在为便利职工自谋职业、满足人们的购物需求、繁荣市场方面，起到了相当大的作用。

然而，好景不长。20世纪90年代中后期，各地蜂拥而起的招商引资潮，以几乎零地价、免税收或税收返还、高管人才补贴等优惠政策，引进了沃尔玛、红星美凯龙等大型超市与商场，让落地处周边出现了3~5公里的"死亡圈"。原本经营得红红火火的小商店、小型品牌店等一夜之间纷纷倒闭，原来已就业的人员再次失业，成为政府的包袱。

沃尔玛"5公里死亡圈"神话让开小店的下岗职工再次失业，垄断了周边消费市场后掌握了价格权；奥特莱斯的疯狂扩张又一次横扫国内高端消费群体，未来可能还会在更大程度上冲击国内高端消费品市场，进而形成品牌占领……我们的消费市场就这样一步步地丢失了。许多时候，与其说是国外企业击垮了国内企业，不如说是"贪大求洋"的地方政府官员自己击垮了自己。

虽然大型超市与商场在一定程度上展示了城市形象、繁荣了城市商业、提升了城市品位，也在一定程度上解决了就业问题，但若算上几乎零地价的地皮占用、几乎全部或部分返还的地方税收、劳务用工优惠政策，以及为缓解大型商场、超市周边的交通拥堵所投入的政府公共设施建设资金，地方政府能落得多少好处，也许只有当事人才知道。以前的一些小便利店、小商店、小超市等虽然规模不大，但便利了老百姓；虽然纳税不多，但税收都是如数入库，政府并没有给予多少税收、租金方面的优惠政策。

如果你去欧美、日本、新西兰等地，随处可见城市中散布着大量个性化小商店、便利店，货品大到日用电器、小到日常用品，经营得红红火火，却鲜见沃尔玛、红星美凯龙这样的"庞然大物"，然而大街小巷却也热热闹闹、井井有条，繁荣程度不亚于中国的大型超市和繁华商圈。

为何这些"庞然大物"交不了多少税，并且容易造成城市拥堵，地方政府还热衷于引进呢？不客气地说，是"贪大求洋"之心在作祟。地方官员们总以为大的就是好的、国外的都是好的。还有一个关键的原因，就是招商引资奖励政策中，对外资企业的奖励比内资企业要高，以致有些官员帮忙出主意，让内资企业通过在境外注册公司，将自己变为外资企业，再到国内投资。这样"内资"摇身一变就成了"外资"。有些商场为引进国外的一线品牌，甚至免费提供摊位、免费装修店面，还提供一系列的优惠政策，政策的不平等使国内企业与国外企业、国内品牌与国外品牌始终处于一种不平等的竞争状态。在这样的环境和心态下，如何让国内品牌与国外品牌竞争？在一个又一个领导意图、一波又一波招商政策的摧毁下，原先依靠规范经营获取利润的实体店"双拳难敌四手"，其命运就可想而知了。

被美国舆论评为"20世纪最伟大的美国总统"的里根1981年在国会的一次演讲中曾说："我们国家的立国之本，靠的就是工厂、农田和商店里赚钱回家的人们……"试想，如果当初能将这些优惠政策用于扶持个体户、个体商店，让这些普通老百姓自食其力，最终的结果会是藏富于民，财富不会像现在这样被国外大企业掠夺走或向国内的一小部分富豪集中。尤其是在"新冠"疫情期间，分散在小区、街巷中的便利店、小商店为老百姓的日常生活提供了极大的便利。

"三十年河东，四十年河西。"沃尔玛自1996年进入深圳开设第一家沃尔玛购物广场和山姆会员商店后，陆续在全国开设了几百家商场。当然，现在这个数字估计有点变化了，因为有许多沃尔玛门店已经关停了。当年红红火火的"庞然大物"沃尔玛、家乐福等，却在同质化竞争和电商的双重夹击下或摇摇欲坠，或停业关闭。这或许意味着大卖场式的消费即将被一种更小巧、更便捷、更丰富的形式所取代，虽然我不能准确地描绘出这种新的商业模式的前景，但可以肯定的是，体验经济应该是其中不可或缺的内容。这应该引起我们深深的思考。

缓解城市交通拥堵要围绕"人"而不是"车"做文章

在城镇化快速推进的背景下，大中城市出现了人口增加过快、交通拥堵、环境污染、资源紧缺等"城市病"。而城市道路拥堵问题在大中城市日益严重，成为制约城市发展的一大因素，也在一定程度上影响了楼宇经济的发展。

《2018年中国主要城市交通分析报告》显示，在基于路网高峰行程延时指数排名的中国"堵城"排行榜中，北京高居榜首，路网高峰行程延时指数达2.032，平均车速仅为23.35千米/时，而广州、哈尔滨、重庆、呼和浩特、贵阳、济南、上海、长春、合肥位列其后，成为中国排名前十的"堵城"。而2017年，济南以2.067的高峰拥堵延时指数两度成为中国"堵城"排行榜第一名，北京、哈尔滨、重庆、呼和浩特、广州、合肥、上海、大连、长春跻身前十。可见，缓解城市拥堵问题已成为城市管理中的一个很突出的问题。

　　到底是城市问题衍生了交通拥堵，还是交通拥堵造成了城市问题？这是一个值得深究的问题。被誉为"过去半个世纪中对美国乃至世界城市规划发展影响最大的人士之一"的简·雅各布斯在《美国大城市的死与生》中写道："通常，汽车会被方便地贴上'坏蛋'的标签，要为城市的弊病和城市规划给人带来的失望和无效负责。但是与我们城市建设的无能相比，汽车的破坏效应是一个小得多的原因。"对于这个观点，我深表赞同。

　　有人说，造成城市拥堵的，是不断增加的建筑，是越来越多的车辆。这听起来有一定道理，但不是根本原因。较之城市的复杂需求，汽车的简单需求是比较容易理解和满足的。越来越多的规划者和设计者们相信，如果他们能够解决交通问题，他们就能解决城市的主要问题。其实，城市有着远比车辆交通问题要错综复杂得多的经济和社会问题。在你不知道城市是如何运行的、需要为它的街道做些什么之前，你怎么能够知道如何来应付交通问题？

　　平心而论，在缓解城市交通拥堵方面，许多城市都采取了很多措施，也出台了许多办法。主流的方法通常是造立交桥、拓宽道路、增加车用道。因此，许多城市中心都被横七竖八的高架桥分割得七零八落，甚至看不到"地平线""天际线"。有的双向两车道改成了四车道，有的四车道改成了六车道，有的六车道改成了八车道，甚至不惜挤占自行车道、人行道，或者将自行车道与人行道混用。宽阔的马路有车的时候像停车场，没车的时候像机场跑道。可在投入巨资实施道路改造后，人们发现交通拥堵状况却并未得到缓解，甚至出现道路越修越宽、车辆越来越堵的情况。

　　这让很多人很困惑，也让主张拓宽道路、修高架桥缓解城市交通拥堵的"修桥造路派"们有些难堪。据报道,河南郑州耗资6.5亿元建造的陇海路—中州大道互通式立交桥刚通车两个月就成了新的"堵点"。可这样的"堵点"不仅仅出现在郑州。由此可见,靠造立交、增加车用道来改善城市交通的办法是行不通的,或者说是收效甚微的,因为修路的速度远远比不上车辆增长的速度,纵有再宽的马路,也无法分流日益稠密的车流。以这样的思路解决问题只能是"抓灰掩火",结果只会是"按下葫芦浮起瓢"。

根源在哪?在于主导城市规划的工程师、专家们都是在围绕汽车做文章,而没有围绕人做文章。这无异于隔靴搔痒。事实证明,他们所进行的改善交通状况的工作似乎没能解决问题,或者说没能从根本上解决问题。既然增加车用道不能解决问题,那为何不换种思路?除了优化红绿灯设置、实行错时上下班、车辆单双号限行等措施外,还可从以下五个方面着手。

一是优化街区道路设置。目前,城市中几乎一致的做法是将街区主干道拓宽,以解决车辆畅通问题。而对街区的非机动车用道、人行道几乎很少规划或规划得不科学,有的是非机动车道与人行道合用,有的是非机动车道、人行道非常拥挤,这就间接导致非机动车抢占机动车道、非机动车抢占人行道。这样一来,"走自己的路,让别人去说吧""走别人的路,让别人无路可走"就成了一种常态。因此,要合理规划机动车、非机动车、行人的道路设置,还要尽量留出更多的非机动车道和人行道,毕竟行人和非机动车还是占多数。

二是全面调整和优化公交线路。每条主干道实行公交一条线到底,直行不拐弯,加大班次频率循环运行,尽量避免线路交叉和车辆重复行驶造成人为的交通堵塞。这样一来,整个城市公交线路就形成"田"字形结构。小区及街巷支线不再设公交线路,以堵住毛细血管,确保主动脉、支干线畅通。鼓励包括楼宇白领在内的市民步行进小区。

　　三是取消老年人免费公交卡。许多城市都为65岁以上的市民开通了免费公交卡，应予以取消，改为每月发放适量的补贴，以减少老年人在高峰时间出行，这样可以从很大程度上缓解上下班高峰时段65岁以上老年人乘公交车买菜、锻炼身体，与上班人员、学生共挤公交的现象。

　　四是构建绿色慢型交通系统。构建绿色慢型交通系统，拓宽人行道、慢车道，缩小车用道，这样人们短途出行能步行就不需骑车，能骑车就不需开车，车流量自然就会下降，而车流量一下降，马路上尾气污染就会减少，人们更乐意在晴好的天气选择绿色出行，以便锻炼身体。这样整个交通流量就进入良性循环了。杭州是在全国率先运行公共自行车服务系统的城市，目前日均租用频次达40万人次，相当于减少了15万辆私家车出行。而共享单车的推出，更是在很大程度上方便了人们的出行，虽然也给城市带来了其他的负面影响。

　　五是建立多车种的出行方式。目前，许多城市的交通过于依赖小汽车和公交，尚未形成两轮车、四轮车、公交车齐头并进的高效率局面。国际上有研究表明，道路上有5%～10%的两轮车，是最高效的通行格局。因此，在鼓励两轮车绿色出行的同时，要加大公共交通的出行频率，如在道路两侧开辟公交专用线路，其他车辆禁行，以加快公交出行效率。同时改变左行道红绿灯设置，以畅通公交线路，真正形成"公交优先"。

▲ 2010年10月23日,与"第十一届中国西部博览会首届西部楼宇经济论坛"主持人交流访谈事宜。

▲ 2019年6月13日,在第五届中国楼宇经济总裁峰会上做"楼宇经济:从1.0到2.0"主旨演讲。

城市治理现代化背景下的战略考量

　　楼宇经济是"后房地产时代"的产物。"楼宇经济2.0时代"是注重楼宇管理、注重楼宇运营的时代，不能再以房地产商的思维和眼光来看待和发展楼宇经济。

——夏效鸿

　　十九届四中全会指出，"坚持和完善中国特色社会主义制度、推进国家治理体系和治理能力现代化，是全党的一项重大战略任务"。《中共中央关于坚持和完善中国特色社会主义制度，推进国家治理体系和治理能力现代化若干重大问题的决定》更是对新时代推进国家治理体系和治理能力现代化做出了科学完备的顶层设计。2019年11月，习总书记在上海考察时指出，"要着力提升城市能级和核心竞争力，不断提高社会主义现代化国际大都市治理能力和治理水平"。

　　城市治理是推进国家治理体系和治理能力现代化的重要内容，治理体系和治理能力现代化是城市的核心竞争力。城市治理和城市经济如同鸟之双翼、车之两轮。城市治理好了，能为城市经济带来好的发展环境；城市经济发展好了，又能为城市治理提供好的经济支撑。在"城市经济就是楼宇经济"的今天，发展好楼宇经济就是发展好城市经济。要以城市治理能力现代化为"笔"、城市治理体系现代化为"墨"，着力擘画楼宇经济高质量发展新画卷。

消费拉动：理想很丰满，现实很骨感

经济学上，常常把投资、消费、出口比喻为拉动经济增长的"三驾马车"。这是对经济增长原理最生动形象的表述。中共十七大之前，中央提出"投资、出口"，十七大之后，则提出"消费、投资、出口"。2013年召开的中央经济工作会议提出，"要努力释放有效需求，充分发挥消费的基础作用、投资的关键作用、出口的支撑作用，把拉动增长的消费、投资、外需这'三驾马车'掌控好"。"三驾马车"出场顺序的不同，折射出中央高层对经济发展思路的微调。

当前，受国际大环境的影响，出口形势并不乐观。而政府投资中的大部分都投向了铁路、公路等基础设施项目，铁路、公路都要建几千公里，这固然能给经济带来一定程度的增长，但"铁公基"的投资成本大、周期长、见效慢，更主要的是靠基建拉动经济的方式实际上是不可持续的，还会有很大的"后遗症"。这样一来，拉动经济增长"三驾马车"中的主力自然落到了消费上。

近些年来，"三驾马车"对GDP的贡献比例大致为：投资占50%、出口占40%、消费仅占10%。投资一直占据着"三驾马车"的主导地位。《财经》杂志刊登的《中国是发达国家了吗?》一文指出，"中国经济增长方式依然具有显著的发展中国家特点""要素投入依然是拉动经济增长的主要动力，经济增长严重依赖投资、基础设施建设""一项基于30个工业行业数据的实证研究表明，中国工业经济增长方式的粗放型特征并没有改变，甚至在加强"。不过，资料显示，2018年，最终消费支出对国内生产总值增长的贡献率为76.2%，连续6年成为经济增长第一拉动力。我不知道这个数据的具体统计口径，但与过去相比，社会商品零售总额增长速度放缓却是不争的事实。

在投资效率不高、出口受制于人的大环境下，政府有意提振消费，增加消费对经济的拉动力，但一下子转化成消费型社会，似乎许多人还不能适应，可能需要一个相对比较长的转型期和过渡期。因为人们短期内可支配收入难以明显提高，面对医疗保险、社会保险、子女上学、子女就业、房价上涨等压力，普通老百姓心中缺乏安全感，即使有一点收入盈余，也会选择存在银行里，宁愿省吃俭用也舍不得当"月光族"，尽管钱存在银行会面临贬值的风险。这一点中国人和美国人不一样。资料显示，美国人有1/3的时间、1/3的收入、1/3的土地面积用于休闲，而其中60%以上的休闲活动在夜间。美国人是花明天的钱、花别人的钱，而中国人是花过去的钱、花自己的钱。

许多"先富起来"的企业家和社会精英们，除了在国内高档场所消费外，大多会出国定居、旅游、购房、购物，将大量的资金消费在了国外市场。日本旅游观光厅发布的数据显示，2018年中国游客在日本消费了15370亿日元，相当于人民币956亿元，占赴日游客消费总额的34.1%。而同期日本赴华旅行的游客数量排第四位，占了6.2%，消费总额更是低得可怜，很多日本人来中国旅行都是以参观为主，很少购物，因此消费并不高。另一组数据显示，2016年8月巴西里约热内卢奥运会期间，中国游客赴巴西的人均消费达到7.2万元。一批批游客在海外疯狂购物，证明了国内民众有着很强的购买力，虽然只是一小部分群体。必须指出的是，在国外购物或"海淘"不仅对国内消费没有半点拉动，还在一定程度上打击了国内的实体经济，尤其是制造业。这一点应该引起高度重视。

香港《南华早报》报道，在中美贸易战持续之际，中国消费者在年中"618购物节"期间购买了更多的国货。这是一个可喜的消息。这样的需求将有助于中国政府推动经济转向国内消费驱动的增长模式，以对抗出口下滑和经济减速，同时推动打造本土品牌、产品和服务，从而减少对西方进口的依赖。

拉动消费可效仿他国"给老百姓发钱"

消费是新时期中央确定的"三驾马车"中的主力，但扩大消费却面临着一个又一个难题。我们虽在政策上鼓励扩大消费以拉动经济，但拉动消费不是仅仅出几个文件那么简单，关键在于政策如何落地。实际上，鼓励消费需要政策"组合拳"，消费与投资不一样，投资投的是财政的钱、是银行的钱，政府开个会、发个文件基本可以解决问题，但消费是要老百姓花自己的钱，让老百姓按你的政策把钱从腰包里掏出来，可不是那么容易的事。

在对待投资上，中国人与美国人的态度有所不同，美国人对待投资很理性，对待消费很感性；中国人对待投资很感性，对待消费很理性。在这样的理念下，如何才能让消费成为主力马车呢？总不能把公共设施建设的投资，如建个公园、停车场、学校、医院、游泳馆，都算作消费吧？

那如何提振真正意义上的、覆盖整个社会群体、人人参与其中的消费？关键是要让消费者有钱可买、有物可买、放心去买。而这三者是相互关联的。"有钱可买"关键是要提高老百姓的收入，目前看来短期内居民收入难有大幅提升，所以"有钱可买"可能只会长时间停留在精英阶层，对这部分群体的消费问题在于如何引导他们将购物地从国外变成国内。"有物可买"，是要提升国内制造业的品牌影响力、质量和服务，要让消费者能买到想要的产品、能买到和国外差不多质量的产品，而无须千里迢迢去国外"扫货"。"放心去买"，就是如何消除顾客心中的"不安全感"，这种不安全感一部分来自产品质量，一部分来自养老、医疗及子女上学、就业等方面的压力。试想，如果老百姓真正实现了"老有所养、老有所医、衣食无忧"，他们为何不去大胆消费，让自己活个痛快？

事实上，"三驾马车"所强调的消费需求、投资需求、出口需求的动力体系，只有联通基于结构优化的消费供给、投资供给和出口供给，才能完整。鉴于此，拉动消费的长期对策固然是提升经济活力、提高制造业质量与服务水平，搞好老百姓的医疗、社会保障，但这些都需要有一个过程，不可能一蹴而就。而试图通过持续地投资公共设施拉动消费，甚至将公共设施投资当作拉动经济的"永动机"，那也是不切实际的幻想。因为就目前政府投资的公共设施名录看，真正与普通老百姓联系紧密的、普通老百姓能消费得起的项目还不多。因此，这样的拉动力究竟有多大还是个问号。

据摩根士丹利估计，2017—2030年，中国消费增长的2/3将由低线城市推动。如何让老百姓舒服地把钱掏出来消费，是需要企业家动脑子的事。长期来看，我们要用观念去不断引导消费、拉动内需，这需要企业家的推动。比如增加体验式消费、服务类消费的产品和项目，引导消费者逐渐从买商品转向买体验；比如大力发展夜间经济，培育有影响力的特色夜生活街区和大型文化娱乐中心区，扩大夜消费、丰富夜生活、繁荣夜经济等。有关资料显示，北京王府井出现超过100万人的高峰客流是在夜市，上海夜间商业销售额占到了白天的50%，重庆2/3以上的餐饮营业额是在夜间实现的，广州服务业产值有55%来源于夜间经济。可见，发展夜间经济，打造一座座不夜城，也不失为拉动消费的一条路子。

当然，这些都是建立在老百姓有钱消费基础上的思路和措施，实施起来其效果的显现可能还要一段时间。那短期内如何实现消费拉动？有些路走不通，有些路不好走，有没有近路可抄？回答是肯定的。比如，可效仿美国、澳大利亚等国的做法，由中央政府给百姓"发红包"，从中央财政结余资金中直接划拨一块资金或者以消费券的形式，按全国户籍人口直接拨付到个人，作为一年的消费引导资金，可以规定资金或消费券须在一年内或一定期限内完成消费。中央财政拿钱让老百姓花，一来可以凝聚民心，让老百姓有国家感、奋斗感、成就感，真正把"共享"理念落到实处；二来这些资金直接拨付给老百姓个人而不是少数企业家，受众面更广。即使这些资金不会全部在短期内流到市场上，但流到市场上的资金定会形成一股消费红利，促进国内消费市场和制造业的回暖。据悉，作为北京市政府2016年28件重要民生实事项目之一，北京市在2016年8月举办的"第四届北京惠民文化消费季"上，就首发了总额1000万元的"北京惠民文化消费电子券"，可在文化艺术、新闻出版发行、广播影视、文化电商4个领域的59家试点合作单位使用。在2008年金融危机期间，杭州也曾出台过以消费券的形式拉动消费的相关措施。这些措施反响都很好。

如果国家财政能做到每年发红包还富于民，让老百姓分享国家发展的红利，何愁不能提升消费、活跃国内市场、提振经济？

城镇化要"千城千面",不能"千城一面"

"城镇化"是一个古老的命题。早在古罗马时代,通过战争掠夺来的财富就被用于城市建设。所以,有人说"城市是一个陷阱,无数的财富都被装了进去"。这也许有些危言耸听。但不容忽视的是,快速城镇化所积累起来的矛盾和问题日益凸显,如不引起重视,将成为今后面临的一个巨大而长期的挑战。

20世纪初,英国社会活动家霍华德就说过:"我们所生活的这个时代是一个过分拥挤、人口稠密的城市时代,但是对于那些有能力看清某些迹象的人来说,这些迹象已经告诉他们,即将到来的这场变革是如此巨大、如此势不可挡,因此20世纪必将成为向外大迁移的时代。"了解一下西方发达国家的城市化历史,你就会发现,在城镇化率从20%提高到40%的这个过程中,英国经历了120年、法国经历了100年、德国经历了80年、美国经历了40年,苏联和日本分别经历了30年,而中国仅用了22年。

诺贝尔经济学奖得主约瑟夫·斯蒂格利茨曾预言:在21世纪,影响人类社会发展进程的两大因素,一个是美国的高科技,一个是中国的城市化。统计显示,2017年年末,我国城市总数接近700个。而城镇常住人口已经达到8.1亿人,比1978年年末增加了6.4亿人,年均增加1644万人;常住人口城镇化率达到58.52%,比1978年末提高40.6个百分点,年均提高1.04个百分点。[1]这样的速度和规模在人类发展史上是

---

[1] 陈炜伟:《我国城镇化水平显著提高》,《人民日报》2018年9月11日第4版,http://paper.people.com.cn/rmrb/html/2018-09/11/nw.D110000renmrb_20180911_5-04.htm。

罕见的。

从世界城镇化过程的一般规律来看，城镇化大体经历了城市化——大城市郊区化（城市空心化）——城市更新（城市复兴）的发展历程。改革开放40多年来，各式各样的建筑如雨后春笋般取代了原来破旧和低矮的房屋，矗立在城市被修饰过的肌肤之上。这些年，大大小小的城市都在不断地"长大""长高""长密"，甚至不顾城市的"风道""天际线""地平线"。虽然城市变漂亮了、变繁华了，但宜居性和舒适性却大大降低了，甚至有些新兴城市已失去了旧时的纯粹，不再是人们内心期待的符合人性需求的居住空间。这些变化在越来越城市化的今天，打破了原来平静的生活场景，也让中国人传统的生活情趣和生活理念有了改变。

人们发现，城镇化的快速推进并未如当初预期一样，让大量的农业人口真正融入城市社会，相反，却带来了城市建设用地和空间利用粗放低效、大中城市的"城市病"日趋严重等现象，迫切需要转型发展。如果说过去一提到城镇化就想到盖房子，那现在就该思考如何实现产城融合、如何提高人们的生活质量了。因此，我们说，中国的"后城镇化时代"已经到来。

就现阶段而言，我国城镇化的当务之急，是要着力改善农村落后的生产、生活设施和日益恶化的环境条件，让农民能够"耕者有其田，居者有其屋"，能够"离土不离乡，离乡不离土"，能够靠现代化农业提高农作物的亩产、增加收入，让农民的辛勤劳作能有称心的回报，过上有别于城市喧嚣场景的鸡犬相闻、世外桃源式的乡村田园生活，让他们依恋家乡、安心建设家乡，不再靠打工度日，从而告别年复一年的城市"打工大军"的大迁徙。如果把千城一面、千篇一律的城市模式复制到农村，可以说，城镇化发展战略就失败了。

值得庆幸的是，2013年召开的中央城镇化工作会议要求，"要让城市融入大自然，让居民望得见山，看得见水，记得住离愁"，"要融入现代元素，更要保护和弘扬传统优秀文化，延续城市历史文脉"，"要融入让群众生活更舒适的理念，体现在每一个细节中"。其中释放的大量信息值得地方政府和房地产商细细斟酌，并引起两者的高度重视，从而使它们把中央的决策切实落实到实际工作中去。

城镇化不是农民"市民化"

令人担忧的是，有些学者根本没有沉下心对基层情况进行深入的调查研究，就人云亦云地大肆鼓吹城镇化首先是"农民市民化"，简单地认为农民进城后需求增加，商品房的销售量会大幅度提高，靠城市建设投资拉动就能支撑经济增长。这样靠主观臆断、沙盘推演、模型推算的理论化推测极易误导高层的决策。

要知道，经济学上提出的，能够支撑增长的是有购买力的需求，而不是心理上的需求。农民进城后虽然可能想住上和城里人一样的房子，但他们的收入没有增长，这样的心理需求并不能转化成经济意义上的实际需求。况且，即使农民进城后需求增加了，但剔除其原来在农村的消费，在全国"大盘子"中的增量也十分有限。从这些年的城市发展状况看，市民基本没有享受什么特殊的政策，还面临房价上涨、物价飙升等过高的生活成本压力。如果将大量的农民变成市民，农民做什么工作，靠什么生存？难道永远在城市打工，过着年复一年的迁徙生活？

《2011中国都市化进程报告》中有这么一句表述：城市规划"过度化"、城市品牌"低俗化"、都市主体"离心化"，正日益演化为影响、制约中国都市化进程的三大问题。的确，因为规划随意性导致建筑"短命"、千城一面，因为文化趋同性导致城市"同质化"竞争，因为生活高成本导致都市人"身在曹营心在汉"的精神离心，从而引发经济问题之外的社会问题比比皆是。新型城镇化真的只是让农民"市民化"吗？答案应该是否定的。之所以有许多学者鼓吹"农民市民化"，其实是盯上了农民手里的那点田地和宅基地。政府从农民手里低价征收田地和宅基地开发房产，其中的部分利润也许会用于改善基础设施，但大部分利润可能都会被挪作他用。如果照此思维发展下去，将导致一些房地产商将这些年形成的"造城模式"直接、简单地复制到农村，从而在农村掀起一场新的"造城运动"。

值得注意的是，许多地方农民的宅基地、田地、山场、菜园等都沦为了工地，农民以较低的补偿一次性贱卖了"祖产"，被驱赶出自己的"工作岗位"，从此成为没有根的"浮萍"、无事可做的"游民"。于是，新农民迁徙潮、老农民打工潮持续上演，而当这些农民花完了微薄的卖地款，一连串的新问题就抛给了他们的下一代，成为一个不可忽视的社会不稳定因素。虽然也为失地农民缴纳了失地保险，但没有从根本上解决问题，而只是把矛盾延后了，是一种"抓灰掩火"的做法。不可漠视的是，当前的农村基础设施建设普遍落后、农民的收入不高、社会保障水平较低，农村里多为"空巢老人"和"留守儿童"。

城镇化绝不是简单的农村城市化、农民市民化、住宅楼宇化，把农民赶到城里去买房子，把农民的田地、宅基地改建成房产。城镇化发展切忌再次踏上"摊大饼式"发展的老路，把农村这张本可以做点文章、画点精品图画的"白纸"涂鸦成与城市如出一辙的冷冰冰的高楼大厦，将城镇化导演成新一轮的房地产开发"闹剧"。城镇化应该是有个性的城镇化，是"以民为本"的城镇化，是"一镇一品""一村一品"的城镇化。而这一切都必须在完善的顶层设计理念下，采取不同的模式逐步推进，避免陈旧的、僵化的、统一的城镇化模式所带来的问题再次发生。在这一点上，我认为，南京、无锡等地提出的"在城市周边建设'不开发区'"的理念值得推崇。

做1米宽、100米深的企业，不做100米宽、1米深的企业

"牢牢把握发展实体经济这一坚实基础，努力营造鼓励脚踏实地、勤劳创业、实业致富的社会氛围""实体经济是国民经济的根基。要着力振兴实体经济""结构性政策要发挥更大作用，强化实体经济吸引力和竞争力，优化存量资源配置，强化创新驱动，发挥好消费的基础性作用，促进有效投资特别是民间投资合理增长"……中央经济工作会议对实体经济的表述，可谓高屋建瓴、切中要害。

实体经济是我国国民经济的基础，也是我国经济的强项和潜力所在。很显然，实体经济也是楼宇经济发展的基础。有关数据显示，中国用低于世界6%的水资源和9%的耕地，一年能生产500亿件T恤衫、100亿双鞋、8亿吨粗钢、2.4亿吨水泥、接近4万亿吨煤、超过2200万辆汽车和62000个工业专利申请。也就是说，中国承受了用全球极少的自然资源养活世界20%人口的压力，却提供了全球1/3的主要农产品和接近一半的主要工业产品。当然，这些工业产品还很低端，我们还缺少高端制造业和高技术企业。①

"外因是变化的条件，内因是变化的根据。"我国的制造业之所以面

---

① 文一：《伟大的中国工业革命——"发展政治经济学"一般原理批判纲要》，清华大学出版社2016年版。

临困境，固然有外因的影响，但主要还在于内因，如品牌低端化、产品趋同化、竞争同质化等。我们的许多企业都打着创新的旗号，实际上却在扮演着"拼装车间""组装车间"的角色，不仅缺乏自己的核心技术，甚至许多制造业的研发设计、渠道物流、关键零部件都掌握在欧美等发达国家手中，从而处处受制于人，不仅失去了制造业的定价权，有时连话语权也没有。随着薪酬、地租、原材料等成本的增长，中国这个曾经的低成本商品制造大国，在全球制造业的竞赛中逐渐落后。许多民营企业尤其是一些传统的实体经济企业，面对的也许还会是一个"寒冬"。值得欣慰的是，改革开放40多年来，尽管许多私营企业积累了大量的财富，但有些老板并没有肆意挥霍，而是继续研发创新，走向世界，他们艰苦创业的励志故事曾经影响了许多人。最典型的例子当数华为了。

"做1米宽、100米深的企业，不做100米宽、1米深的企业。"企业管理学中有这么一句很时髦的话。的确，做企业需要沉下心、扑下身，不能浅尝辄止、蜻蜓点水。在这方面，福建晋江的案例很具代表性。晋江是泉州市下属的一个县级市，却是一个制造业大市。截至2018年4月，其境内上市公司就有46家，拥有纺织服装企业4474家，安踏、七匹狼、利郎、柒牌、劲霸等规模以上纺织服装企业620家，纺织服装上市公司10多家。当地企业家们用几代人、几十年的时间和精力，专注、执着地从事着服装制造、鞋帽制造，硬是把一个个小作坊、小工厂做成了享誉全球的知名企业、知名品牌。安踏、心相印、361°、盼盼、劲霸、柒牌、七匹狼等多个品牌上榜"2019中国500最具价值品牌"。以"安心创业，踏实做人"为理念，25年如一日专注于做运动鞋、运动服的安踏集团，能从创业之初的制鞋小作坊发展为如今的门店超过1.2万家、市值突破1500亿元、年营业收入达241亿元的中国第一、世界第三的体育用品公司，靠的就是坚持的力量和"工匠精神"，这也是"晋江经验"的精髓所在。也许这就是时任福建省省长的习近平总书记7次到晋江调研的缘由吧。

"晋江经验"最鲜明的特色就是实体经济。正是"晋江经验"让晋江的GDP在17年来保持着年均12.1%的增长率，形成了2个超千亿元和5个超百亿元的实体产业集群，实体经济创造的产值、税收和就业机会占比均达90%以上。①如果将地级市的泉州市与同地区的计划单列市厦门市相比，两市2018年的地区生产总值、规模以上工业增加值分别为8467.98亿元和4791.41亿元、3911.97亿元和1611亿元，泉州市都远远领先于厦门市。即使是与副省级城市的省会城市杭州相比，虽然泉州市的地区生产总值比不上杭州，但规模以上工业增加值却远超杭州。以2018年的统计数据为例，2018年杭州市、泉州市的地区生产总值分别为13509.2亿元、8467.98亿元，同比分别增长6.7%和8.9%；规模以上工业增加值分别为3405亿元、3912亿元，同比分别增长6.3%、9.1%；规模以上工业利润总额分别为974亿元、1285亿元，同比分别增长1.2%、19.2%。②可以说，泉州市经济水平之所以能在福建省名列前茅，晋江市是立了大功的，实体经济是立了大功的。

近几年来，随着虚拟经济的发展，许多企业家将资本和精力纷纷转

① 薛志伟：《福建政企互动厚植民营经济发展沃土》，《经济日报》2019年7月19日，http://finance.chinanews.com/cj/2019/07-19/8900597.shtml。
② 泉州市统计局：《经济运行稳中向好 发展质量稳步提高——2018年1—12月泉州市经济运行情况分析》，2019年1月24日，http://www.quanzhou.gov.cn/zfb/xxgk/zfxxgk-zl/tjxx/tjfx/201901/t20190125_1401050.htm；
蔡紫昊、陈雪珍：《2018年泉州市国民经济和社会发展统计公报出炉》，人民网2019年4月12日，http://fj.people.com.cn/n2/2019/0412/c181466-32836270.html；
林雯：《厦门2018年实现地区生产总值4791.41亿元 比上年增长7.7%》，《厦门日报》，2019年1月31日，http://fj.people.com.cn/n2/2019/0131/c181466-32598757.html；
杭州市统计局国家统计局杭州调查队：《2018年杭州市国民经济和社会发展统计公报》，2019年3月4日，http://www.hangzhou.gov.cn/art/2019/3/4/art_805865_30593279.html。

向自己并不懂、也不擅长的虚拟经济领域，从而导致大量实体企业的"倒闭潮"，可谓是"种了别人的地，荒了自家的田"。2008年以前，中国传统行业的发展速度呈现两位数的增长，之后呈现负两位数增长。有人笑谈，在珠三角、长三角等地做实体经济的基本上都属于"活雷锋"，有些已经从当年的"先锋"变成了现在的"先烈"。这话听起来让人心中五味杂陈。

制造业是"国之重器"、国之根本。对于制造业尤其是传统制造业的发展，我们不能有了电商、网商，就忘了制造商。相反，要加大政策扶持力度。而当前的现状是，人们都乐于做100米宽、1米深的企业，为了赚快钱，不惜拉长企业的产业链。有些制造业业主关闭了厂房，用资金炒股、炒房反而发财了，那些坚持不懈搞实体经济的老板，反而过得挺艰难。这不是一种常态，但的确是实体经济所面临的尴尬和辛酸。在实体经济整体状况不好的大形势下，晋江的实体经济却能"一枝独秀"，与晋江的企业家们专心致志、心无旁骛的精神是分不开的，他们是中国"做1米宽、100米深"企业的典型代表。

要警惕资本"脱实入虚"

制造业是推动经济转型升级的主战场，制造业投资将直接影响未来制造业的规模和结构。但当前，制造业整体效益不景气，投资回报率下降，一定程度上挫伤了实体经济企业主的投资积极性和发展信心。

以杭州市为例，2015年杭州制造业企业主营业务利润同比增长不足3%，盈利能力减弱，实体投资回报率下降。有关资料显示，2015年杭州61家制造业上市公司实现主营业务收入2432.79亿元，比上年同期增长5.37%，增幅较2014年下降了3.7个百分点，较2011年下降了10.43个百分点，为近5年来最低；主营业务成本1900.21亿元，比上年同期增长2.77%，占主营业务收入的78.11%，增幅和占比均为近5年来最低。[①]以制造业为主体的实体经济比较萧条，与国际、国内的大环境有关，也与一些企业家自身的决策和发展有关。于是，就有了专家学者呼吁政府扶持实体经济的呼声。

事实上，早在2006年，许多制造业企业家就不想做实体经济了，因为人心已经浮躁，很多企业家悄悄转向房地产、金融等领域，把应该投资在制造业的钱拿出来炒楼、炒股，或开发房产，或以入股方式介入项目开发，它们其实是披着实体经济的外衣，拿着政府扶持实体经济的补贴，借实体经济之名，行虚拟经济之实。尤其是一些制造业的上市公司，在房地产、金融等领域表现活跃，投资体量快速增加。以杭州市为例，2015年杭州61家制造业上市公司投资房地产金额增速91.18%，投资企业达32家，占比达50%以上。2014、2015年可供出售的金融资产投资增速分别为1284.55%、57.32%，远高于固定资产和研发等投资。可见，这些标榜为实体经济的制造企业已不再是纯正的实体经济了。而那些倒闭的，恰恰是这样的企业。在经济学家郎咸平眼里，2006年的经济泡沫是制造业的危机，也是中国危机的开始。

但有一点可以肯定，就是"金钱永不眠"。资金涌向了资本市场，就必然不会进入实体经济。2016年8月8日，国务院出台了《降低实体经济企业成本工作方案》，通过了合理降低企业税费负担、有效降低企业融资成本、着力降低制度性交易成本、合理降低企业人工成本、进一步降低企业用能用地成本、较大幅度降低企业物流成本、提高企业资金周转效率、鼓励引导企业内部挖潜等8个方面的30项措施。这是中央政

---

① 数据来源于作者调研及一手资料。

府再次为实体经济"松绑"。

经济发展是有规律的。不遵循规律办事、超越规律办事、逆规律办事，迟早都会付出代价。政府曾经一度猛捧电商、捧虚拟经济，而忽视了实体经济的存在。许多制造业企业受金融、房地产行业暴利的诱惑，纷纷弃制造业而去，干起了高风险的投资金融行业，从而让实体经济元气大伤。当政府恍然醒悟后折返回来重新扶持实体经济时，许多企业早已风光不再甚至已经奄奄一息了。

虽然许多实体经济企业已"无回天之力"，"过了这个村，没有那个店"，但重振实体经济总体上应该说是"亡羊补牢，为时不晚"。需要提醒的是，前车之鉴值得警觉。政府在兑现新一轮的扶持政策时，一定要留意打着实体经济的幌子搞虚拟经济的企业资本"脱实入虚"现象，要让政策落实到真正在做实体经济的企业，让有限的政策和资金"真正用在刀刃上"，别再"撒胡椒面"。同时，要加强扶持资金的监管，别再让一些企业钻空子，让扶持资金"打水漂"。

到底要不要搞"虚拟经济"？

大家也许还记得宗庆后、董明珠与马云2017年的那场隔空喊话。他们到底在争论什么？我觉得，他们争论的绝不仅仅是实体经济与虚拟经济孰优孰劣、谁好谁坏的问题，往更深层次看，是中国经济的发展方向和发展模式问题。

在过去20年里，尤其是2008年之后，4万亿元刺激计划出台，中国经济逐渐走上了与美国类似的道路，脱实入虚，依靠房地产、金融业、互联网和服务业等发展经济。在赚快钱、赚轻松钱、一切向

"钱"看的压力下，制造业日益艰难。所幸最近几年中央非常及时地重提振兴制造业，美国出现过的20年的产业断代现象，在中国还没有大面积地出现。

我始终在思考一个问题：后工业化时代的中国到底要不要以美国为样本，来一次虚拟资本大爆发？我觉得，在中国这样一个以实体经济为特征、特色，也是以实体经济为特长的国家，如果盲目跟从欧美国家搞虚拟经济，不仅容易患上"浮躁症"，让越来越多的企业"脱实入虚"，而且从根本上看是丢掉自己所擅长的老本行，拿自己的软肋和别人的强项进行竞争。结果是有人发财了，有人"跳楼"了。不得不说的是，压垮许多实体经济企业的"最后一根稻草"不是市场，而是企业家欲壑难填的不断膨胀的野心。他们嫌实体经济赚钱慢，而炒房、炒股、期货、融资却能让人"一夜暴富"。

金融业是西方发达国家搞了几百年的强项，而制造业则是中国人的强项。只是我们的制造业正面临如何从低端走向高端的问题。这有一个过程。如果拿自己的弱项和别人的强项比，岂能不败？连祖宗"田忌赛马"的故事都没弄懂。况且，目前国内发展虚拟经济的市场体系不健全、运作不规范、诚信度不够、业务不擅长，过度发展虚拟经济的后果，会是少数人一夜暴富、多数人财富缩水，使整个社会处于一种投机、浮躁、欺骗、不安的氛围之中。

事实上，新中国成立以来，发展模式上我们学过苏联、学过德国、学过美国，却唯独没有学过身边的日本。而日本才是最值得我们学习的。日本陆地面积不到中国的1/25，人口密度和人均GDP却远远高于中国。日本在世界上的高收入国家中名列前茅，而中国仅排在第120位。海外的经济学者预测，2050年，日本的经济竞争力将成为全球第一。

曾有许多人偷着乐，说日本经济沉沦了20多年，已沉默于世界经济舞台。事实上，日本正在低调地闷头大发展、大发财。日本人过去做过的或现在正在做的事，许多人都没看到或没看懂。一味地用"恨"的眼光，看到的只能是80年前的日本。如果我们依然沉浸在"日本没落""日本衰退"的错觉中，那只会令我们无法看清真正的日本。比如说，日本人将国产汽车中的上等车留给国人用，中等车出口欧美发达国家，差一些的销往中国和非洲市场。再比如，当年日本从山东掠夺矿产，把它们沉在海底储备起来；他们不开采自己国家的森林资源，却从中国东北和东南亚国家大量进口原木。还有，日本在大阪城天守阁设立"时间胶囊"，用另类的方式营造文化、留住历史。他们做这些到底是为了什么，而我们又在做些什么呢？数据显示，日本海外的资源面积已经达到本土的10倍，2015年年底日本的海外资产就已接近10万亿美元，是国内GDP的2倍，相当于中国GDP的80%。

值得深思的是，当我们在搞虚拟经济、搞电商的时候，欧美等发达国家却重新玩起了以制造业为主的实体经济，美国提出了"制造业再造计划"、日本提出了"工业复兴计划"、德国提出了"工业4.0"。当然，紧随其后，中国也提出了"中国制造2025"。这是正确的、明智的。为什么要把发展重点重新放到制造业而不是电商上？因为互联网只是一个路径、工具和手段，电商解决不了产品的制造问题，也解决不了消费群体的问题，它所能解决的只是产品和消费者中间的"桥梁"问题。也就是说，互联网所能解决的只是中间部分的信息、物流问题，而不能解决上游的产品端和下游的需求端的问题。试想，如果都没有厂家生产矿泉水了，电商还有存在的价值吗？况且，没有任何证据表明，电商能激发人们的购买欲和增强人们的消费能力，至多只是把全年的消费能力在某一时间节点上来个总爆发而已，如"618""双11""双12"等。因此，经济发展还是要摈弃浮躁、回到理性轨道上来。对于楼宇经济而言，实体经济的不景气也会从楼宇经济中反映出来。市场的第一反应就是各地楼宇居高不下的空置率。我担忧，楼宇经济发展已经进入了新的"瓶颈期"。

轨道铺到哪里，楼宇经济就会繁荣到哪里

如果问起轨道交通时代商务楼宇的前景，可以用一句话来概括，就是轨道铺到哪、地铁通到哪，楼宇就会盖到哪，楼宇经济就会繁荣到哪。

"人随线走，楼随线走，线因楼荣。"为什么这么说呢？地铁轨道的上盖物业、地下空间、周边配套设施的形成，将构筑起集商务、商贸、休闲、居住于一体的立体空间，地铁轨道所带来的稳定人流和潜在的消费能力，使周边的商务楼宇能获得比其他楼宇更强的额外竞争优势，在一定程度上缩短了商业的培育期，降低了商业、商务楼宇的运营风险。高铁也是一样。

当然，地铁、高铁的开通也会抬高沿线的房产价格。如何防止高铁、地铁沿线的房价暴涨？这一点，可以借鉴香港修建地铁的经验。香港先是由地铁公司在保密状态下将轨道可能通过的地方的土地提前征收下来，再来规划轨道走向，并向社会公开征求意见，这样就从源头上避免了由于房地产商的提前介入而炒热地铁沿线房产的现象发生。而土地增值及开发所得正好能弥补地铁运营中的亏损。所以，香港地铁能成为世界上为数不多的能盈利的地铁运营企业，这恐怕也是其中一个很重要的因素。而我们内地的许多地方政府在规划地铁、高铁时，总是先公布或透露轨道沿线走向，这样一来，敏感的房地产商就会抓住时机竞拍地块，可想而知，房价不被抬高才是怪事。就整体而言，轨道沿线尤其是

进出站口地段的繁荣是可想而知的。从这一点上说,轨道的建设对城市经济、楼宇经济的繁荣起到了促进作用。

当然,这些年各地不顾财政状况、客流状况,争相修高铁、修地铁的现象值得警惕。没有必要"瘦牛拉硬屎"地相互攀比,有效防范地方债务风险才是当务之急。

要让城市"风景这边独好"

随着城镇化水平的提高,大城市边界的扩张受到限制,许多城市相对容易拆除重建的建筑的重建已基本告一段落,一、二线城市的新楼市场空间也已越来越小,城市未来的发展必然进入对现有建筑进行更新、改造、升级的新时期。

从发展经验看,大多数城市都采用城市行政中心外移的方式,以带动新城区发展、缓解旧城区拥挤,同时通过土地功能置换完善旧城区功能,使旧城区焕发新的活力。然而,这种惯用做法并不适合所有的城市。也有一些城市通过对棚户区、老旧住宅区、城中村的改造,使城市面貌焕然一新。但随之而来的,是一些原住民、原租客的逃离,尤其是大城市中每月拿着三四千元工资的外来务工人员根本无法承担高不可攀的租金。对于城市而言,适当的更新改造是必须的,但城市的保护与更新应避免简单地追求地区的精英化和高端化,不能一味通过重建、新建以引入高收入的外来人群替代原有居民,从而改变地区的社会、经济、文化大环境。

城市应该是多面的。正如意大利作家伊塔洛·卡尔维诺在《看不见的城市》中所言,"每个城市都从她面对的荒漠获得自己的形状,看不见的风景决定着可视的风景","在路过而不进城的人眼里,城市是一种模样;在困守于城里而不出来的人眼里,她又是另一种模样;人们初次抵达的时候,城市是一种模样,而永远离别的时候,她又是另一种模样"。如何做到这一点?我觉得,要像化妆师一样,把城市当作一个人来装扮。

第一,要让城市有"颜值"。将老城改造提升与老旧楼宇改造、老市场改造、历史街区改造等结合起来,从地下到地上、从功能到环境,大到楼宇外立面的洗刷、背街小巷的整治,小到商业牌匾的制作、广告灯箱的设立,都要更好地传递城市的美好形象、表达城市浓郁的文化,从而提升城市的"颜值"和品质。

第二,要让城市有"内涵"。文化是一个城市的根基、血脉与灵魂,文化具有无法复制的特征。要挖掘城市文化底蕴,塑造城市文化特色,让城市文化个性化、城市建筑主题化、城市经济品牌化,形成城市中文化、经济、建筑的高度统一和完美结合,筑就城市独一无二的形象和品牌,从而让城市"升值"。

第三,要让城市有"气质"。关键看气质。人有气质,城市亦然。有气质的城市,才是迷人的。如果说一个人的气质在于一颦一笑、举手投足间由内而外的自然流露,那么城市的气质则是透过霓虹的夜景、高耸的楼群所散发出的文化属性和个性特色来展现的。正如北方城市稳重深厚、南方城市现代时尚,大城市恢宏磅礴、小城市钟灵毓秀。城市的气质就如同城市的"名片",代表着城市与众不同的面貌与内涵。一个人如果没有气质,五官再漂亮也会令人印象淡薄;一个城市如果没有气质,建筑物再精美也只能让人望而却步。

因此,考量一座城市的发展水平,不仅要看城市有没有被"格式化",也要看城市中与生活密切相关的人居环境、市政配套、生态条件,更要看与这座城市一脉相承的文化气质和人文底蕴。

"三室经济"：浓缩的是精华

在过去的很长一段时间内，中国经济的基本细胞是企业，社会上每一个人的需求与供给往往都是在企业之间完成的，企业是市场的主体。然而，随着社会分工的日益精细化，这种状况正在发生着改变。今后，中国经济的基本细胞会逐渐从一家家企业变成一个个个人，而且供需双方都在逐渐个体化。因此，如果把中国经济比作是一场"血液循环"的话，那么今后它的"毛细血管"会更加丰富，"输血""供氧"能力会更强大。

法国社会学家迪尔凯姆在《社会分工论》中指出，传统社会依靠成员们高度的一致性、共同的归属感来维系，是"机械集团"的社会；现代社会成员间的差异日益增加，却通过分工合作相互连接在一起，构成了"有机团结"的社会。在人们旧有的印象中，是一家家企业在承载着社会发展的重任，它们是税收的贡献者，而成千上万的职工群体则是企业中的分子，按照一定的规则和分工而工作着。

但随着移动互联网的兴起、个体追求的差异化，那些在技能、人脉、服务上拥有一技之长的人们将摆脱集中指挥式的机械工作，进入"人性回归"的通道，从而冲破传统单位的"枷锁"和被领导的束缚，成为自由职业者，如艺术家、设计师、画家、作家、摄影师等。

正是社会分工的日益精细化、专业化，催生出了一个个创业的个体，也催生出了品水师、网络主播、陪购师等新职业。这些群体不需要固定的办公场所、固定的办公时间，他们在咖啡吧、茶室、书房、客厅，只需一台电脑或一部手机便可随时接受订单或完成项目。许多时候他们甚至不需要固定的工作人员，而是依靠紧密型、半紧密型、松散型的人员架构去完成任务。也就是说，未来每个人都可能是一个独立的经济体，既是老板又兼任设计师、会计师或者技术工等，遇到小的订单，自己可以独立完成；遇到大的项目，可以通过与其他公司的协作去完成。也正因如此，打短工、兼职的零工经济将是未来的发展趋势。

正因为大量自由职业者的出现，创业者的基本结构将从"公司＋雇员"变成"平台＋创客"。因此，未来许多行业的公司将被一个个自由职业者的"工作室"所代替，市场主体单元由原来一家一户的企业演变成一个个分工更明确、更精细的办公室、工作室、实验室。以前是大批量的规模化生产，今后将是个性化的私人定制；以前大家蜂拥而至赶路上下班，造成上下班高峰的拥堵，今后会是许多时而紧张加班、时而懒散休闲的"自由人"，他们中的许多人会集老板、员工、设计师等多个职务于一身，从而在不同的场合中不断变换着自己的多重角色。总体上说，自由度、慢生活将是未来创业者的特色。从这点上说，大量自由职业者的出现，将成为规模化的公司经营的"终结者"。

在发展楼宇经济的过程中，江苏省扬州市提出发展以办公室为载体的软件互联网产业、以实验室为载体的科技研发产业、以工作室为载体的文化创意产业的"三室经济"。以办公室、实验室、工作室为载体的"三室经济"，可以理解为是楼宇经济细分领域的一种形态，是楼宇经济的一种微缩版。而这正是瞄准了越来越多的自由职业者群体的新需求，不失为一种远见。

▲ 2014年5月12日,在邯郸丛台区做"楼宇经济发展与政府服务力提升"专题讲座。中共丛台区委书记穆伟利、区长靳禄兵率四大班子领导等近300人参会。邯郸市政府市长回建指示市政府秘书长姬振江、市政府副秘书长肖寿阳率有关市直部门、各城区政府领导参会。

▲ 2018年2月2日,在南昌西湖区做"高质量发展新时代,西湖楼宇经济提质升级之路"专题讲座。中国建设银行江西省分行副行长彭家彬、中国建设银行南昌洪都支行副行长夏正宙等200多人出席。区委常委、常务副区长陈奕蒙主持讲座。

▲ 2018年8月14日,在安庆迎江区委中心组学习(扩大)会议上做"楼宇经济迎江高质量发展的'新名片'"专题报告。区委书记尹志军主持会议。区委中心组全体成员,其他县级领导干部,区人大、政府、政协办公室主任或秘书长,区委各部委相关负责同志,区直各部门、单位主要负责同志,各乡(街道)党政主要负责同志,区经济部门班子成员,部分区服务业、房地产业企业负责人共140余人参会。

◀ 2017年8月16日,在新加坡国立大学苏州学院为嘉兴市特色楼宇与生产性服务业专题研讨班做"2.0时代嘉兴楼宇经济发展中的痛点、诉求与解决方案"专题讲座。

06

楼宇经济发展中的
政府角色

市场经济环境下，政府只需做好三件事：讲诚信、优环境、搞服务，其他的都交给市场去做。

——夏效鸿

　　纵观人类发展的历史过程，无论是自然经济、计划经济还是市场经济，各经济体的经济无不在"繁荣—衰退—萧条—复苏"中周而复始地轮回。尽管每次周期或长或短，背后的支撑动力各有差异，但经济发展的周期性是不以人的意志力为转移的，这也是绝大多数经济理论研究的重要对象。作为一种新型的都市经济形态，楼宇经济也会经历初始期、成长期、成熟期、衰落期四个阶段。如同经济社会发展的不同阶段一样，在楼宇经济的不同发展阶段，地方政府的关注点、侧重点会不同，其所发挥的作用、介入的程度、介入的方式也不一样。因此，楼宇经济发展过程中地方政府所扮演的角色、服务的模式也不一样。

政府角色：讲诚信、优环境、搞服务

无论是200多年前亚当·斯密的《国富论》中"看得见的手"，还是弗里德曼《资本主义与自由》中"提倡将政府的角色最小化以让自由市场运作，以此维持政治和社会自由"，都对政府角色问题有过清楚的表述。改革开放以来，多轮机构改革中几乎每次都对政府职能进行了重新界定。无论是"守夜人"还是"仆人"，无论是"全能型"还是"责任有限型"，无论是"经济调节、市场监管、社会管理和公共服务"还是"在继续加强和改进经济调节和市场监管的同时，更加注重履行社会管理和公共服务职能"……都是新形势下对政府职能转变、角色转换提出的明确要求。

中央经济工作会议指出，"要切实转变政府职能，大幅减少政府对资源的直接配置，强化事中事后监管，凡是市场能自主调节的就让市场来调节，凡是企业能干的就让企业干"。要使市场经济持续健康发展，必须为市场经济松绑，这是毋庸置疑的。但许多时候，政府都或多或少地有缺位、越位、错位的情况，导致许多问题"鸡脚绊着狗脚"，"剪不断，理还乱"，不仅在一定程度上影响了政府的办事效率，也在一定程度上影响了政府的诚信。

其实，市场经济环境下，政府只需做好三件事：讲诚信、优环境、搞服务。政府要做的是如何当好"裁判员"，而不是冲在一线去当"运动员"。在楼宇经济发展过程中也是一样。

在楼宇经济初始期，由于一幢幢商务楼宇最初是由市场主体自发形成的，地方政府的发展诉求在于"不求所有，但求所在"，政府的作用主要体现在对楼宇经济发展规划、楼宇发展定位、楼宇业态定位的主导和干预上，因政府掌握着土地、资源等要素和审批、规划、监管等权力，对楼宇建设企业有着相当强的话语权和支配权，因此，这一时期的政府往往显得很强势，号召力、推动力也相对较大，政府的服务也就基本停留在规划的审批、政策的许可等办证、办事、办会上，充当的是统筹规划的引导者、楼宇政策的主导者、企业发展的扶持者角色，针对区域内不同的产业特色和优势，制订楼宇经济发展战略、发展规划、业态规划、发展定位，有效引导企业合理集聚，以形成合理的发展布局。

在楼宇经济成长期，市场力量形成的自发秩序达到了一定规模，政府对楼宇经济的无序竞争、不规范发展再也不能无动于衷，任其自生自灭，而是要去加强调控、引导、规范、提升。这一时期政府的发展诉求在于"有所为有所不为"，其职能和作用主要体现在对楼宇的改造提质、品位提升、业态培育等进行协调、引导、扶持，充当的是楼宇发展的规范者、业态要素的培育者、楼宇品质的提升者角色，以楼宇的经济效益、社会效益、人文效益为目标，不断提升楼宇的品质、品牌和品位，推动城市的现代化、生态化、国际化进程。

当楼宇经济进入成熟期后，各项运转进入正轨，但随之而来的是发展的平台期、效益的滞涨期。这一时期的政府发展诉求在于"扶上马、送一程"。为摆脱对原有发展路径的依赖和可能导致的边际效应递减，政府必须发挥权威性、影响力、服务力，充当楼宇经济发展公平环境的维护者、企业发展的服务者、利益纠纷的协调者角色。有的民营企业家形容民营企业遇到了市场的冰山、融资的高山、转型的火山"三座大山"，这其实是内外部因素、主客观原因等多重矛盾问题交汇的结果。越是在这个时候，政府越应该统筹规划协调好区域内资源、利益关系，维护入驻企业的合法权益，保持楼宇企业之间的公平竞争和不受外来干扰，为楼宇经济发展营造良好发展环境和外围条件，从而避免不正当竞争、不公平竞争乃至恶性竞争的现象发生。这就是当下议论得最多的营商环境问题。

楼宇经济要搞"大合唱"，不演"独角戏"

当下，虽然许多城区都在提"发展楼宇经济"，却鲜有人真正弄清、弄懂了楼宇经济，以为发展楼宇经济就是招商引资、就是出出政策、就是搞搞评比。殊不知，楼宇经济是个系统工程，涉及方方面面，必须形成合力、齐心协力、持之以恒地抓下去。

在全国提出发展楼宇经济的50多个城市的102个城区中，基本都成立了以区委、区政府领导挂帅的区楼宇经济工作领导小组。有些城区是书记或区长亲自担任组长，有些城区是常务副区长或分管副区长担任组长，领导小组下设办公室，简称"楼宇办"，由某个部门主要领导或分管领导担任办公室主任，明确几个具体工作人员，楼宇经济的工作就这么干起来了。就全国范围来看，专门成立独立的楼宇经济主管机构的城区比例还不高,哪怕是有专门编制、专项经费、专业人员的挂靠式机构也不是很多,大多是采用合署办公的形式。

各地楼宇经济领导小组组长、领导小组办公室的设立情况,直接反映了当地领导对楼宇经济的重视程度,也间接决定了当地楼宇经济的发展水平。严格意义上说,"楼宇办"是一个综合协调服务机构,涉及方方面面的工作,这就必然要与相关部门打交道。如果领导小组办公室设在一个弱势部门,通常情况下,政府的一些强势部门是不怎么买账的。这样,楼宇经济领导小组组长由谁挂帅、办公室主任由谁兼任就显得非常重要了。主要领导重视楼宇经济的城区,有专门机构、专项经费、专门人员的城区,"楼宇办"往往可以"挟天子以令诸侯",发展楼宇经济的力度就会大一些,楼宇经济也会发展得好一些。

102个城区中,楼宇经济主管部门有的挂在发改局,有的挂在商务局,有的挂在招商局,有的挂在统战部……成都武侯区是全国最早设立独立的楼宇经济工作办公室的城区之一,目前也是少有的安排有专门编制、专项经费、专业人员的城区。太原迎泽区、南宁青秀区则是全国为数不多的将楼宇经济领导小组办公室设在统战部(工商联)或由分管统战工作的领导分管的城区。不同的部门工作侧重点不同,发展思路也会不一样:发改局可能更看重规划,商务局可能更看重商业,招商局可能更看重招商,统战部可能更在乎发挥工商联企业家的作用。

楼宇经济作为一个新兴的城市经济形态,要想取得更大更快的发展,除了要设立明确的主管部门,确定专门编制、专项经费、专业人员之外,政府部门之间协调配合、同心协力也非常重要。千万不能"一叶遮目,不见森林",只站在自己部门的角度看问题、干事情,更不能"事不关己,高高挂起"。要千万记住,楼宇经济要搞"大合唱",不能唱"独角戏"。

给"摩天大楼热"降降温

近年来，为了彰显城市的现代化，国内的许多城市不惜重金建设高楼大厦，攀比楼宇的高度、造型、数量，崇尚以高取胜、以奇为美，于是一幢幢奇形怪状甚至"山寨"的摩天大楼拔地而起，"地平线"被"天际线"所代替，城市露出了夸张的轮廓和表情。如河北燕郊的"福禄寿"天子大酒店、广州的"铜钱"大楼广州圆大厦、沈阳的"铜钱"方圆大厦、苏州的"大秋裤"东方之门、昆山的"金字塔楼"花桥国际商务城、合肥的"大花鼓"万达文化旅游城、北京的"卤煮大肠塔"兴创大厦……一时间引发网友们纷纷"吐槽"。

有人笑称，中国城市沦为了外国建筑师的"试验场"，西方往往只是在书本、杂志或展览会上出现的畸形建筑，却在中国大地上真的盖起来了。除了造型上的"怪"，许多城市也在攀比"高"。"摩天大楼热"正从原来的北京、上海、深圳、广州等一线城市向二、三线城市甚至三、四线城市传导。

"摩天"（skyscraper）一词，最初是一个船员术语，意思是帆船上的高大桅杆或者帆，后来不断演变，逐渐成为建筑中的一个特定术语。1883年，"摩天大楼"一词首先出现在美国一位喜欢幻想的作家所写的《美国建筑师与建筑新闻》一文中，这个术语就此诞生。

第一座摩天大楼诞生于19世纪80年代的美国芝加哥。54.9米高的芝加哥家庭保险大厦被公认为世界第一座摩天大楼。这种大量使用玻璃、钢铁、钢筋混凝土，并以现代主义所关注的效率、理性、简约作为观念支撑的建筑方式，催生了一种全新的建筑美学，以致全世界的建筑师和规划者都将芝加哥的建筑师们的设计和建造方法奉为圭臬，其接受速度之快有力地宣告了第一种真正国际化的建筑与设计风格的出现。从那时到现在，人们建造了众多的摩天大楼，鳞次栉比地耸立在世界各大城市的天际线上。

在人们眼中，美国芝加哥是世界上摩天大楼规划最完整的城市，而中国上海则成为摩天大楼建设最快的城市。纽约在1927—1933年间，出现了摩天大楼建造狂潮。随着高层建筑在各地拔地而起，人们认知中的摩天大楼定义高度也略微不同。在中国大陆地区，建筑规范规定100米以上高度的建筑物属于超高层建筑，日本、法国定义超过60米就属于超高层建筑，而美国则普遍认为152米以上的建筑为摩天大楼。后来美国的标准成了国际标准，也就是高于152米的大楼即属于"摩天大楼"。如果照此标准，到2020年中国拥有的摩天大楼总数将是美国的2.3倍。①

世界高层建筑与城市人委员会公布的一份研究报告显示，2017年全球新建超过200米的摩天大楼144座，其中超过300米的超高层建筑15座。中国以76座排名第一，占全球新建的摩天大楼总数的53%。美国排名第二，有10座。紧随其后的是韩国7座，加拿大、印尼各5座，马来西亚、朝鲜、土耳其、阿联酋均为4座。不过，和2016年相比，中国建设的摩天大楼数量有所下滑，2016年中国建成的摩天大楼数为83座，占比为65%。

就国内城市来看，深圳在2017年和2018年连续两年成为世界上建成高层建筑最多的城市，共建成超过200米的摩天大楼12座。深圳、南宁、成都、长沙四个城市都位列世界前五名。在"2017世界十大高楼排

① 陆娅楠：《我们需要这么多"第一高楼"吗》，人民网，2015年8月12日，http://cpc.people.com.cn/n/2013/0812/c83083-22528429.html。

行榜"中，中国占了7席，分别是苏州中南中心（729米）、武汉绿地中心（636米）、上海中心大厦（632米）、天津高银金融117大厦（597米）、深圳平安国际金融中心（599.1米）、广州东塔（530米）、北京中国尊（528米）。有些匪夷所思的是，全球在建的摩天大楼有87%在中国，而中国的摩天大楼80%分布在经济不发达的内陆地区。[①]

城市在每个阶段都有不同的面貌，城市化在每个人心目中也有不同的理解。许多人习惯用高楼大厦的"高大上"来反映城市的变化。我们用这样的事实说明城市个头不断蹿升的理由好像也能被人所接受。但即便如此，中国城市建筑的高度和增长速度还是很惊人的。需要提醒大家的是，一个城市的成长高度，不是由摩天大楼决定的，它取决于全体市民的现代性。现代城市的进步不应攀比楼宇的"高大上"，城市的发展还是要立足市情、量力而行。

楼宇不是越高越好，也不是越多越好

楼宇，是城市的象征，也是城市的标志。一幢特色楼宇就如同城市的一张"金名片"、产业的一个新平台，总是在有意无意地"标榜"着城市、推介着城市，让人对这座城市印象深刻。久而久之，这些标志性建筑也就成了城市的代名词、"代言人"，如上海的"东方明珠"、广州的"小蛮腰"等。

诚然，现代化的城市离不开高楼大厦，但高楼大厦未必是衡量一个

---

① 梁倩、许剑铭、樊文波：《全球在建摩天大楼87%在中国：专家称应警惕"劳伦斯魔咒"》，《经济参考报》2013年8月30日，http://dz.jjckb.cn/www/pages/webpage2009/html/2013-08/30/content_79041.htm?div=-1。

城市现代化水平的主要指标。对于一个城市而言，楼宇不是越多越好，也不是越高越好，高楼大厦的建设应该有个"度"。多了，没有足够的产业支撑；高了，会带来一连串的问题。随便举个例子，如果拿上海和日本的城市相比，只有东京可以与之媲美。但日本经济并不是以高楼大厦多而取胜的。

城市之间的比拼是难免的，但建筑物的高度并不能代表城市的前卫和时尚，就像GDP指标并不能代表人们的幸福感一样。对于楼宇经济而言，人们的关注点最终还是应该落到楼宇的效益上。当然，这个效益不仅仅是指经济效益。建成一幢摩天大楼，技术上并不是什么难事，关键是楼宇建成后能承载多少产业、产出多少效益。有关资料显示，2012年我国第三产业增加值为23.16万亿元，却已建成摩天大楼470座。这相当于中国以美国88%的摩天大楼数量，支撑着仅有美国29%的第三产业产值。如果我国的第三产业以目前的速度发展，到2022年仍无法达到美国2012年的规模，但按规划，届时我国已建成1318座摩天大楼。这意味着，我国每幢大楼所支撑的第三产业增加值，仅有目前美国平均水平的40%左右，是投资强度极低的粗放型增长。[1]当然，将中国的情况与美国进行简单的对比并不是很科学，这其中也有许多不可比因素，但至少可以让我们有个"参照系"，只是心中把握一个系数的概念就好了。

有时我在想，各地兴起的"摩天大楼热"其实就像人们对奢侈品的喜爱，有的人不计成本地买奢侈品，买了之后却又没有好好打理，造成许多的闲置和浪费。姑且不说德国经济学家安德鲁·劳伦斯提出的"劳伦斯魔咒"会在多大程度上应验，仅从经济学角度看，200~300米超高层

---

[1] 陆娅楠：《我们需要这么多"第一高楼"吗》，人民网，2013年8月12日，http://cpc.people.com.cn/n/2013/0812/c83083-22528429.html。

建筑的单位建设成本要比100米以下的普通建筑高40%～70%，300～500米建筑的单位建设成本要比100米以下的普通建筑高70%～110%。而且，摩天大楼对消防、抗震、通风、供电、供暖、给排水、电梯等系统的要求也会更高，楼宇抗震等级高一级，超高层建筑造价就要翻一倍。

虽然随着土地要素的日益紧缺，向空中求发展是未来的趋势和方向，但规划、建设"地标建筑"应综合考量楼宇建设费用、维护成本、城市配套、经济水平等因素，就全国或区域角度而言，也应该有个量和度，尊重自然才会收获经典，不能有钱就"任性"，甚至搞攀比、搞竞赛。

针对当前一些城市的建筑贪大、媚洋、求怪、特色缺失、文化缺乏传承等现状，时隔37年重启的中央城市工作会议明确说"不"，并提出建筑"适用、经济、绿色、美观"八字方针，防止片面追求建筑外观形象，要求强化公共建筑和超限高层建筑设计管理，把以人为本、尊重自然、传承历史、绿色低碳等理念融入城市规划全过程，增强规划的前瞻性、严肃性和连续性，实现"一张蓝图干到底"。这也是今后一个时期城市发展中必须坚持的原则。但愿城市发展不再攀比楼宇的"高大上"。

"顶层设计"不是"上级设计"

"顶层设计"本是工程学范畴的概念，是系统论研究问题所倡导的方法，是一种强调"整体理念"和"绝对高度"的哲学工具。楼宇经济作为一种新兴的经济形态，其发展也要做好"顶层设计"。就像建造一座城市需要从时间维度、空间维度、要素变量等方面，用动态的、系统的、宽领域、大纵深的方法综合考虑人文、地理、气候、资源、交通、人口等因素一样。

中国有句古语，叫"男怕入错行，女怕嫁错郎"，我要再加上一句，叫"城市怕选错路，楼宇怕定错位"。这里所说的城市定位，指的就是城市的"顶层设计"。所谓"顶层设计"，是指"最高层设计"而不是"上级设计"。"顶层设计"要解决两个问题，一是"指方向"，二是"划底线"，明确什么事能干，哪些事要避开。在大方向明确的前提下，应当允许有"自选动作"的空间，允许有个性、有差别，允许试错纠错，在竞争中发现和推广好的做法和经验。但从这些年各地的情况来看，许多的"顶层设计"并非源于建筑师、规划师的灵感，真正的设计师常常是上级、领导，从而让城市设计不可避免地落入了"东施效颦""拿来主义"的俗套。

美国城市研究专家刘易斯·芒福德认为："从分散的乡村到高度聚集的城市的进化过程中，最重要的因素是王权，而不是商业。"这句话道出了行政力量在城市发展中的作用。楼宇经济发展过程中，常常会出现这样的现象：但凡"一把手"重视的地方，楼宇经济就会发展得好；相反，"一把手"不重视的地方，楼宇经济最后都会虎头蛇尾地收场。有些地方本来楼宇经济发展得红红火火、有条不紊，却因"一把手"变动的一纸调令，楼宇经济发展进程陷于停滞甚至无疾而终。这也是当前政界常见的"另起炉灶"现象，很少有人沿着前一任的政策前行，甚至"新官不理旧账"。很显然，经济发展需要保持延续性，经不起"朝令夕改"的折腾。

新加坡前总理李光耀说过，"每一个经济问题背后都有政治原因"。我们倡导楼宇经济是"一把手经济"，是希望通过城市"一把手"的重视，为楼宇经济发展创造更好的环境、更好的条件，而不是"成也萧何败也萧何"的"人为经济""人治经济"，从而导致"一损俱损、一荣俱荣"。我曾到过一个城市，某区政府主要领导对楼宇经济很了解、也很支持，可区委书记是原邻县的县委书记，习惯于抓县域经济，于是他们常常出现认识不一致的情况，一定程度上对楼宇经济发展形成了掣肘。好在通过我的多次疾呼，最后在全区上下形成了楼宇经济大发展的氛围。类似的情况却并非个例，尤其在欠发达地区是非常普遍的，这让我在许多时候都显得心有余而力不足。我隐隐地感觉到，许多时候，我们的发展不是丧失在机遇上，而是丧失在权力的内耗上。更准确地说，是因为内耗错过了机遇。

所以，一个地区无论是楼宇经济还是其他经济形态的发展，都需要从全局层面有个"顶层设计"或者说发展规划。规划是龙头，要有刚性，一旦确定下来就要严格执行，不能沦为"规划规划，全是鬼话，纸上画画，墙上挂挂，抵不上领导一个电话"。这些年来，我们先后不同程度地参与了全国23个城市30多个城区的楼宇经济"十二五""十三五"发展规划的制订，接下来又会是"十四五""十五五"规划的制订。"天下事有难易乎？为之，则难者亦易矣；不为，则易者亦难矣。"规划的制订也是这样。伟人毛泽东说过，世界上怕就怕"认真"二字。一旦你认真了，什么事都能干好。2012年5月，我受邀为杭州市桐庐县楼宇经济发展建言献策时，针对地处小县城主干道两侧的总跨度5公里、规划面积2000亩（约133万平方米）的迎春商务区核心区块所集聚的22幢、总建筑面积88万平方米的商务楼宇如何发挥更大效益的问题，提出了打造"中国最具活力的县域楼宇经济样板区"的愿景，受到县委书记、县长的一致肯定，并作为全县楼宇经济发展定位进行了广泛的宣传报道，至今在桐庐县规划馆的宣传片中仍能看到这样的目标定位。这也是我们在给各地楼宇经济把脉中引以为豪的一个案例。

事实上，规划如同一部交响乐，倘若指挥、演奏互相掣肘，就会引发混乱。而一旦缺乏空间、规模、产业的统筹，失去了空间立体性、平面协调性、风貌整体性、文脉延续性的整合，城市就会失去秩序、失去风格、失去底蕴。城市、楼宇规划如果跳不出"一亩三分地"的思维，就难以实现区域之间、楼宇之间的优势互补，也会造成资源浪费、生态破坏、"有楼无市"、无序竞争等问题。地方官员要有"功成不必在我"的心胸，将"一张蓝图绘到底"，使楼宇经济沿着可持续发展的方向迈进，切忌"朝三暮四""东一榔头西一棒槌"。

为此，要注重楼宇经济发展规划与国民经济和社会发展规划、城市总体规划、控制性详细规划、住房建设发展规划、土地利用规划等的衔接，加强对建筑高度、体量、风格、样式的控制和引导，突出人文景观、自然景观、古城风貌、现代文明交相辉映的城市特色。

第一，要重视楼宇的生态规划。重视空间的建筑设计、环境设计、色彩视觉设计，以及单体建筑的区块景观、空间布局、灯光系统等，创造绿色生态的广阔空间。第二，要重视楼宇的路径规划。结合城市有机更新、旧城改造、工业企业"退二进三"等，从完善楼宇的空间布局规划、业态发展规划、特色楼宇发展规划着手，明确重点区域的楼宇功能、产业定位、发展目标，选择适合城区特色的楼宇经济发展路径。第三，要重视楼宇的目标规划。将楼宇规划与区域土地利用规划、产业发展规划等结合起来，制订楼宇经济发展规划、三年或五年行动计划，把目标、任务、责任落实到具体单位和个人，实行年度考核、量化评比。

发展楼宇经济不能搞"一锤子买卖"

当前，片面追求GDP几乎是许多城市发展中的通病。一谈起发展，官员们脑子里想到的可能就是盖高楼、圈地皮。因为工程建设的GDP来得快、卖地皮的钱来得容易。建设一幢楼产生了GDP，拆除一幢楼又产生了GDP。但这种增长仅仅是数字上的增长，实际上并未带来发展。政府提供土地、开发商盖楼卖楼，这种"摊大饼式"的发展，不利于资源的合理配置，很显然不符合科学发展的要求，更不符合那些主城区、老城区的实际。

就城市建设而言，资源毕竟是有限的，特别是土地资源。同样一块地，如果你造了住宅，一次性就被买走了；但如果你建了商务楼宇，一定会有企业轮流租赁，只是回收成本的周期长一些而已。这就是"一锤子买卖"和"细水长流"的区别。可想而知，建一幢住宅与建一幢商务楼、建设一幢楼与运营一幢楼，虽然占用了区域内同样的土地面积，但所产生的效益是完全不一样的。对于商家而言，最好的结果当然是现金流"长流水不断线"。多年来，我们之所以一直强调楼宇经济的"亩产效益"，就是出于这样的理念。对于同样大小的占地面积，我们不仅追求产量的"高"，还追求产量的"效"。但在许多地方，临海、临江、临河、临湖的宝贵地段，都被占用建成了一排排别墅或三四十层高的高层住宅，"海景房""江景房""河景房""湖景房"把美好的海景、江景、河景、湖景遮挡得严严实实，成了少数人的"私享空间"，非常可惜。

城市应该是充满生活意蕴的综合体。无论是从高质量发展要求的角度看，还是从人们高品位需求的角度看，城市都应该是宜居的、智慧的、绿色的。这就要求城市管理者注重土地的深度开发而不是单纯的商品房开发，要更多地注重城市运营而不是城市建设。对于一个城市而言，城市经营的兴奋点不在于大拆大建，而在于如何在有限的空间里产出最大的效益，在于怎样当好城市运营商而不是城市开发商。

遗憾的是，也许在许多时候，现实与理想总是存在一段差距。当前我们所面对的现状，是不少城区在城市建设、城市改造中过多地搞房地产开发，建楼卖楼，做"一锤子买卖"。城市建设常常被房地产商们

"绑架""挟持"，政府和房地产商"眉来眼去""暗送秋波"。这种"寅吃卯粮""钻头不管屁股"的做法，虽然也能获得一时的发展，但这种发展是不稳定的，增长是不可持续的，好景不长，非常可惜。更为重要的是，将整个城市的GDP和财政收入绑定在房地产行业上，也是很危险的。城市的发展还是要多一些"前人栽树，后人乘凉"的心胸和视野，追求长远发展而不仅仅是眼前的发展，不做"一锤子买卖"。

楼宇社区：昙花一现？

"楼宇社区"理念的付诸实施，大约可以追溯到2009年的杭州市下城区。当时，在借鉴社区管理经验的基础上，下城区积极探索楼宇精细化管理，尝试楼宇社区化管理服务，从而形成了楼宇社区的雏形。与此同时，在楼宇党建方面具有标杆意义的楼宇集群党委，在杭州西湖区正式建立。楼宇社区、楼宇集群党委，可以算是杭州在楼宇经济发展方面探索出的具有典型意义的两个全国"样板"。

2009年12月9日，下城区楼宇综合服务中心暨杭州市（下城）嘉丰中介服务业发展中心成立，成为杭州市首家楼宇综合服务中心，也是继广利、宏都之后，下城区的第三家中介服务业发展中心。楼宇综合服务中心的具体表现形式就是"一楼六员八人"，即每幢楼宇确定一个管理服务团队，通过楼宇指导员（街道干部）、招商员（街道招商人员）、管理员（物管）、安全员（片警）、办事员（国税、地税、工商）、联络员（社区干部）等，为楼宇业主和入驻企业提供及时、有效的全方位服务，同时实施经济、党建、文明创建、统战、工会、共青团、妇联、计生等工作"八进楼宇"计划，以高效的管理和优质的服务，创造良好的楼宇经济发展环境，促进楼宇经济健康、快速、持续发展。

无论是杭州下城区的楼宇社区建设工程，还是杭州西湖区的楼宇集群党委，都挺有新意。然而那时，对什么是楼宇社区、为什么要发展楼宇社区、怎么发展楼宇社区等问题，理论和实践层面上都尚未得到系统、科学的梳理、总结。

从经济角度看，楼宇是一种经济载体；从社会角度看，楼宇是企业和员工生活的精神家园。运用楼宇社区服务模式，设立楼宇综合服务中心和领导联系重点楼宇制度，实现经济服务、民生保障、城市管理、综合治理、党群服务进楼宇，便于政府决策的推进和问题的及时解决。而引进楼宇物业协会管理模式，可以更好地发挥楼宇物业管理协会在政府、企业间的协调作用，将政府做不了、做不好的事交给协会去做。应该说，这些措施的出发点、初衷都是好的，也是可行的，一定程度上还丰富了楼宇经济的内涵，在楼宇社区运营初期，对楼宇经济的发展也起到了一定的促进作用。但随着政府服务模式的变化，楼宇社区的命运也随之发生了变化。

为何楼宇社区的模式难以持续，甚至可以用"昙花一现"来形容？这就要从楼宇社区产生的大背景来分析了。楼宇社区更多强调的是政府的综合服务、"一站式"服务，就是将政府的行政服务职能延伸到楼宇或楼宇集群中，为楼宇入驻企业提供便捷、周到的行政服务。在楼宇社区诞生的2009年前后，政府的办事效率较低，办事部门也还没有集中到一起办公。面对散落布局在城市不同区域的一个个政府部门，入驻楼宇的企业要想在短时间内办妥事情，还真的有些难。但随着"政府行政服务中心""集中办事中心"在各城市的相继建立，政府部门的公共服务、行政服务都集聚到一个办事大厅内，楼宇入驻企业享受到了快捷、便利的"一站式"服务，浙江更是提出了行政服务"最多跑一次"的口号。更何况各地政府都重视招商，早就把企业服务得妥妥帖帖，办证办照之类的事基本不需要企业烦心。这就大大弱化了当初楼宇社区所定位的功能，渐渐地楼宇社区就显得有些形同虚设了。甚至我们可以说，历经10年的楼宇社区模式已经完成了它的光荣使命，渐渐走进了楼宇经济的历史。

历史规律告诉我们，任何事物都会有产生、发展、消亡的历史周期。值得肯定的是，楼宇社区模式一度成为各地政府参观学习的样本，对扩大城市的知名度、提升楼宇经济的影响力、丰富楼宇经济的内涵等，起到了一定的促进作用。但风靡一时的楼宇社区也会被信手拈来地复制、粘贴，以致如今你去许多城市，总能看到几乎千篇一律的楼宇社区模式。被誉为"硅谷的天使""投资界的思想家"的彼得·蒂尔在《从0到1：开启商业与未来的秘密》一书中指出："商业世界的每一刻都不会重演。下一个比尔·盖茨不会再开发操作系统，下一个拉里·佩奇或是谢尔盖·布林不会再研发搜索引擎，下一个马克·扎克伯格也不会去创建社交网络。如果你照搬这些人的做法，你就不是在向他们学习。"当然，照搬他人的模式要比创造新事物容易得多。

我多次疾呼，千万不要人云亦云、邯郸学步。但直到现在，还有许多三、四线城市的城区在盲目追随：空旷的区域内，一大排电脑一字排开，每个电脑前坐一个人，都在若无其事地忙碌着。如果你突击检查或不打招呼就前去参观，这里肯定是黑灯瞎火、空无一人，因为的确没几个人来办事。但许多地方政府就是这样跟风、盲从，以致楼宇社区模式几乎沦为了摆设，许多时候真的是劳民伤财。殊不知，楼宇中的主体人群已变了、办公人群的需求也变了。正如人们所说，不从实际出发、纯粹靠行政力量推动的东西，往往都会是"一阵风"，难以持续深化下去。而经济工作中"刮风式""运动式"的工作方式也不符合市场经济规律，最终逃不出短命或夭折的归宿。这也是楼宇经济发展中需要吸取的教训。

楼宇评"星"，意在服务

楼宇经济发展过程中，为提升楼宇进驻企业的档次，提高商务楼宇的社会影响力，洛阳西工区、杭州上城区、天津和平区、广州越秀区等相继推出"星级楼宇"评价制度，给楼宇评"星"。

洛阳西工区2006年推出了"经典商务楼宇"挂牌保护制度，应该算得上是全国最早实行"星级楼宇"评价制度的城区。该区将具有较高档次且符合入选标准的商务楼宇命名为"经典商务楼宇"，并实行挂牌保护，提供全方位服务，享受优惠政策。对所有进驻经典商务楼宇的企业，实行每月25天的"安静生产日"制度。这些做法，都在一定程度上促进了当地的楼宇经济发展。

2007年，杭州上城区从组织保障、税收管理、服务管理、环境设施等方面入手建立楼宇星级评定制度，设定楼宇包干制度、物业例会制度、楼宇空置率、楼宇企业注册率、楼宇税收增长、政府服务、物业服务、环境布置等12个子项目并进行量化评分，楼宇星级评定实行100分制，70~80分为一星级、80（含）~85分为二星级、85（含）~95分为三星级、95（含）分以上为四星级。

2012年，天津和平区出台《商务楼宇管理服务规范》，旨在通过规范的政府服务、物业服务，提升楼宇的品位和发展水平。2015年7月，广州越秀区出台《星级商务楼宇评定标准》，从楼宇运营、楼宇设施、楼宇招商、产业集聚、社会贡献、节能环保等6个方面对商务楼宇进行考量。该评定涉及59个指标项，根据各指标项的总体得分将商务楼宇划分为三个星级，即五星、四星、三星，最高级别为五星。

不难看出，各地给楼宇评"星"，都是瞄准了楼宇的效益、管理、运营、服务等。"项庄舞剑，意在沛公。"楼宇评"星"的真正用意，在于通过楼宇的运营、管理、服务水平的提升，促进楼宇整体品位和效益的提升。评"星"不是目的，只是一种激励、督促机制，最终的落脚点还是应该落在"服务"上。

特色楼宇：对同质化竞争说"不"

美国的竞争战略之父托马斯·弗里德曼在《世界是平的》一书中指出："全球化是资本、技术和信息超越国界的结合，这种结合创造了一个单一的全球市场，在某种程度上也可以说是一个全球村。"这一发展趋势带给了我们深深的思考：中国企业如何从一个低端产品的制造者转型为高新产品的创新者，在日益变平的世界中该如何掌握制造业的"定价权"？

无锡尚德太阳能电力有限公司的破产对政界、企业界可谓教训深刻，应引起深深反思。中央财政实行"分灶吃饭"后，对地方产业发展的宏观调控能力减弱，地方政府在产业发展上相互竞争，哪个行业效益好就发展哪个行业，哪个行业有老板投资就支持哪个行业，甚至不惜以"政策洼地"招商引资，基本顾不上国家层面的产业布局、产能风险，导致大量雷同的项目在不同地区盲目上马、一哄而起，形成一波又一波的"同质化竞争""窝里斗"，最终出现企业倒闭、资金链断裂，给国家造成了很大的资金浪费、经济损失和金融风险。

从服装、鞋帽、打火机到新能源汽车、光伏、机器人，许多产业的发展都缺乏长远的思考和布局，铺新摊子、上新项目，常常一哄而起，甚至有些项目刚一上马就遇到市场饱和，从而出现"上马之日就是亏损之时"的窘境，更不必说随之而来的价格大战和反反复复的结构调整、产品更新了。更可怕的是，国内市场的恶性竞争蔓延到国际市场，不光是产品没赚到钱，还常常让美国、欧盟等进口国抓到把柄，落下"倾销"的口实，一场场官司浪费了政府、企业不必要的精力，造成了巨大的经济损失。你听说过国外的飞机制造商在中国进行这样的恶性竞争卖飞机吗？有人会说，那是企业行为，浪费的是企业自己的资金。真的是这样吗？中国有多少企业用的全部是自有资金？

回顾这些年，各级政府没少出台政策扶持企业创新发展，从光伏太阳能、新能源汽车到"机器人"产业，大量政府产业资金的导入，扶持的却是一个个没有核心技术、靠进口零部件拼装的"组装车间"。由于没有自己的核心技术，不仅难以称得上技术创新，一旦国外企业对关键产品和技术实施封锁，这些企业就将瞬间倒闭。"中兴事件"就是一个深深的教训。

《经济日报》曾经发表了《底特律是怎么样走向衰败的》《德国制造业缘何经久不衰》两篇文章，详尽分析了底特律如何从一个世界瞩目的"汽车城"，衰落成全球闻名的"鬼城"，而"德国制造"却能在欧洲经济的哀鸿遍野中"一枝独秀"，个中原因不能不引起人们的深思。固然，造成两者不同命运的影响因素有很多，但竞争环境、研发投入、技术创新、教育培训和人力储备等，肯定是其中不可或缺的因素。

德国的"工业4.0"、美国的"再工业化"形成的咄咄攻势，使中国制造业又走到了关乎未来发展的关键十字路口。《中国制造2025》对未来中国制造业发展的谋划，正是从国家战略高度进行思考设计，用以应对第三次工业革命的长远规划。但愿各地能吃透中央精神，未雨绸缪，在产业发展上少一些应景之作，多一些长远谋划。

就楼宇经济发展而言，如何避免"同质化竞争"？一言以蔽之，就是要发展特色楼宇。有人认为，发展楼宇经济就是将散落的企业"归大堆"，"1＋1=2"。这是一种错误认识，是"知其然，不知其所以然"的片面思维。发展楼宇经济的过程，某种角度上看，也是借助楼宇这一载体，梳理企业形态、集聚产业业态、提高"亩产"效益的过程。17年来，我们对综合楼与特色楼进行过多方面的分析研究。从楼宇经济所产生的效益看，税收贡献大的楼宇大多是有特色的主题楼宇，鱼龙混杂的综合性楼宇是很难产生很高的经济效益的。而从业态布局看，不同业态特色楼宇的错位发展能够更好地体现产业特色、人文特点、城市特征。因此，要注重楼宇的特色化培育，有条件的城区和楼宇应及早采取"筑巢引凤""腾笼换鸟"等方式，打造具有本地特色的楼宇，避免陷入产业发展同质化的无序竞争甚至是恶性竞争。

"去库存"要对症下药

近年来，楼宇库存总量、空置率持续攀升。在许多新城区，由于新建楼宇繁多、体量较大，却没有足够的产业支撑和设施配套，大量楼宇闲置；在许多老城区，由于产业"退二进三"、工业企业"退厂进园"、原有办公企业外迁，导致产业空心化。因此，城市发展面临新楼宇招商引资、盘活存量与老楼宇有机更新、"腾笼换鸟"的双重压力。2015年的中央经济工作会议，将"去产能、去库存、去杠杆、降成本、补短板"确定为2016年的五大经济任务。对于楼宇经济发展而言，首先面临的就是"去库存"的压力。

目前，无论是商业地产还是商务地产，都面临着体量较大、库存较多、运转周期长、租金回报率低等问题，从而导致整个行业陷入整体性困局。究其成因，既有土地无序出让、商业规划失控、商业地产项目供应量过大等来自行业内部的因素，也有受电商冲击、"虚拟办公"、实体经济不振、经济下行压力等来自行业外部的因素。

有人说，西医是科学，中医是哲学。我觉得，去库存问题，应该以中医的理论和观点去观察问题、分析原因、系统调理，切莫因为有了西医就"头疼医头、脚痛医脚"。唯有正确分析房地产库存量过大的成因，对症下药，方可药到病除、事半功倍。在我看来，导致库存量大的因素大致有这么几点：

第一点，是商业物业的结构性失衡。自2008年以来，商业地产投资一直保持15%以上的增速，特别是2011年住宅领域限购、限贷政策实施后，商业地产增速达到30%。[1]开发商纷纷杀入，仅短短几年的光景，就让原本还处于市场空白的商业地产领域短兵相接，杀声四起。而"群魔乱舞"时代的商业地产并没有向市场真正需要的产品提供足够的服务匹配，尚未与日益旺盛的消费升级需求融合。

第二点，是"10%留用地"的政策冲击。城市化过程中，杭州等城市在征用农村土地并将其转为建设用地后，将其中的10%留给当地村委会，鼓励它们单独或合作开发建设。这一政策为撤村建居的顺利进行起到了重要作用。但许多地方用"10%留用地"所开发的业态雷同，基本都是写字楼、酒店式公寓、酒店、商超等，与正常出让的商业办公用地的业态存在严重的同质化竞争，而地价明显低于同类地段商业办公用地的"留用地"上建设而成的楼宇、酒店、商超，其商务成本远远低于商业办公用地上建设起来的楼宇、酒店、商超，在竞争中占尽"先天优势"。因此，留用地的过大供给对商业办公物业的租赁、销售产生了明显

---

① 刘佳：《特色商街以差异化破解商业地产困局》，中国新闻网，2013年9月12日，http://www.chinanews.com/house/2013/09-12/5277589.shtml。

的冲击。以杭州为例，至2014年年底，杭州主城区核发留用地指标约12000亩（约800万平方米），其中协议出让可建面积约1048万平方米，相当于2004—2014年主城区累计出让商业办公用地可建面积的40%。①

第三点，是工业用地的变相开发。相对于日趋完善的商业和住宅用地出让市场而言，工业用地一直隐身于土地市场热潮的背后，采取不透明的协议出让方式，用地价格与商业、住宅土地价格相差甚远。大量的企业以产业用地的名义低价获得用地，开发建设办公大楼，以低租金或以租代售方式投放市场，对原本"僧多粥少"的商业商务地产租赁市场造成了很大冲击。以杭州滨江区为例，2008年以来成交的容积率在2以上的工业地产项目可建面积达296.8万平方米，其中许多物业被用作商务楼。②

第四点，是楼宇招商"僧多粥少"。一哄而起的大体量楼宇与屈指可数的入驻企业之间"僧多粥少"的现象，一定程度上对楼宇经济发展构成了巨大压力，以致许多地方政府发出"楼宇中到底该装什么""楼宇中能装什么"的哀叹。许多地方政府只顾四面出击招商引资，却忽视了本地企业的培育，甚至出现引进了外地企业，家里的企业却被别人挖走这种"捡了芝麻，丢了西瓜"的现象，楼宇经济发展也常常陷入困境之中。

第五点，是老旧厂房的有机更新。这些年来，"退二进三""退厂进园"政策下腾挪出的大量老旧厂房、老旧仓库，跻身为开发商眼里的"香饽饽"。以万科、招商、华润、碧桂园、华夏幸福、首创置业、金地、新鸿基、佳兆业等为代表的"地产巨头"纷纷开始了提前布局。旧改项目腾出的新地，往往位于传统的市中心，人口聚集、城市配套完

① 数据来源自作者调研及一手资料。
② 同上。

善，且有多年的商业积淀和必要的生活配套，开发商还能获得政府在建筑容积率、建设条件、资金倾斜等方面的支持，使得老旧厂房、老旧仓库的有机更新在一定程度上冲击了新建楼宇的市场需求。

第六点，是新型业态的客观影响。近年来，受电商快速发展的影响，许多缺少个性特色的百货卖场、商店相继倒闭，有些大型商场也开始缩小规模、整合门店，以前红火一时的沃尔玛，在短短的几年间就日益萧条，许多门店已停业。经济下行的压力、"虚拟办公"的盛行、政府对P2P企业的整顿，导致商务楼宇空置率回升。

◀ 2010年10月23日，在首届中国西部楼宇经济论坛上，与成都锦江区委书记周思源交流。

▶ 2011年3月18日，与芜湖镜湖区委理论学习中心组成员交流。

◀ 2012年9月26日，与济南市中区区长王勤光、区委常委宣传部长任晓策交流。

▲ 2015年6月18日，与参加"首届中国楼宇经济圆桌峰会"的天津代表团合影。

楼宇经济2.0时代：
"十年磨一剑"

当今时代已不再是"工厂里生产什么，商场里才有什么""商场里有什么，消费者只能买什么"的标准化时代，而是追求"我需要什么你就能卖什么""我想要什么你就能给我生产什么"的定制化时代，是崇尚"以特为美""以稀为贵"的非标化时代。

——夏效鸿

从块状经济、县域经济到工业区、高新区，再到商业区、商务区，地方政府试图用最小的面积、空间来集聚、配置更多的资源要素，从而提升单位面积的产出率。自1978年以来的40多年里，不断攀升的城市化率在给城市带来经济结构、社会阶层、文化形态的根本变化之外，也给城市的产业发展、产城融合带来了新的挑战。

"楼宇经济"概念的提出，开启了城市发展与城市治理的新思维。城市由原来大拆大建的建设时代逐渐步入注重管理服务的运营时代，也就是人们所说的"经营城市"的时代。如果以一线城市整体兴起楼宇经济的2005年这一时间点来算，那么2005—2015年的10年，是楼宇经济从无到有、从小到大的10年，准确地说，也是许多城市管理者的理念逐渐转变的10年，更是楼宇经济从高速增长迈向高质量发展的10年。通过10年的发展，楼宇经济总体呈现"一线城市在提高中发展，二、三线城市在发展中提高"的格局，逐步从以往的比硬件、比地段、比租金转向比软件、比环境、比服务，从原来的只注重生产转向注重生产、生活、生态，从原来的只注重经济效益转向注重经济效益、社会效益、人文效益、生态效益，从而形成载体、功能、产业、要素、空间、模式、物业、管理、效益等全方位的升级，步入了2.0时代。

无论是一线城市深圳、上海2005年前后渐次进入楼宇经济1.0时代，还是2008年前后重庆、杭州、天津、青岛、成都等二线城市竞相发展楼宇经济，如今都已走过了超过10年历程，我们把它总结为楼宇经济1.0时代。细细回味一下不难发现，从1.0时代迈向2.0时代的这10年，适逢中国经济高速增长时期，而楼宇经济2.0时代又恰逢中国经济从高速增长向高质量发展转轨的时代。

可以说，楼宇经济1.0时代是伴随着房地产业的兴旺而兴起的，很大程度上还是属于注重楼宇建设的时代。而楼宇经济是"后房地产时代"的产物，楼宇经济2.0时代应该是注重楼宇运营的时代，不能再以房地产商的思维和眼光来看待和发展楼宇经济。

第四消费时代：成就生活N种可能

　　被誉为日本"消费社会研究第一人"的三浦展在他所著的《第四消费时代》一书中，将1912年起的日本社会分为四个消费时代：第一消费时代，是少数中产阶级享受消费的时代；第二消费时代，是势如破竹的以家庭为中心的；第三消费时代，有着风生水起的消费个人化趋势；第四消费时代，是重视"共享"的社会。在三浦展看来，进入第四消费时代的日本社会，人们关心的不再是消费什么，而是和谁一起消费。他认为，"购物使人幸福的时代，已经结束了"，真正能带来幸福的不是物质，而是"联系"——人和自我、他人、社会、自然的联系。

　　虽然每个人都要消费，但消费只是每个人行为的一部分。所以，如果要分析一个人的消费行为，就有必要了解这个人的全部情况。要了解一个人的全部，就不能不知道这个人所处的社会和城市，同时也必须把握社会和城市的历史、变迁过程。如果对照三浦展提出的四个消费阶段，那中国的主体消费应该还处于第二消费时代向第三消费时代的过渡时期。第三消费时代是追求个性的时代，人们对标准化的、重量不重质的消费观念嗤之以鼻，希望通过购买特色商品体现与众不同的自我。而第四消费时代的一大特征，是大家开始感到把大量的金钱花在与人攀比的消费上其实没有意义，更多的人渴望把金钱用于购买"美好的时光"上。这一点，也正在被越来越多的人所认知和接受。而共享办公、共享单车、共享汽车的消费，让中国隐约有了第四消费时代的雏形。

纵观各国经济发展，人们发现，在年人均GDP突破8000美元后，将会进入消费升级时代，这时的消费者不再一味追求低价，而是更加追求产品品质和服务体验。消费者选择商品的决策心理也会随之变化，从最早的功能式消费，到后来的品牌式消费，再到体验式消费。而2016年，中国人均GDP就已突破8000美元大关。事实上，近年来，随着我国模仿型、排浪式消费阶段的基本结束，个性化、多样化消费渐成主流，以服务消费、信息消费、时尚消费为代表的新消费快速发展。在消费规模快速扩张的同时，消费升级步伐加快，消费层次正由温饱型向全面小康型转变。"首店经济""夜间经济"①等新型经济形态，正受到越来越多城市的追捧。事实上，这不仅是发展趋势，也是激发新一轮消费的举措之一。有关资料显示，2014—2018年，我国最终消费支出对经济增长的贡献率分别为48.8%、59.7%、66.5%、57.6%、76.2%，比投资贡献率分别高出1.9个、18.1个、23.4个、23.8个、43.8个百分点。②

---

① 首店，是指在行业内具有代表性的品牌或新潮品牌在某一区域开的第一家实体门店，也包括传统老店通过创新经营业态和模式形成的新店。首店经济体现着一个城市的创新力和生命力。夜间经济，是现代城市业态之一，指从当日下午6点到次日早上6点所包含的经济文化活动，其业态囊括了晚间购物、餐饮、旅游、娱乐、学习、影视等。城市夜间经济不同于一般意义上的夜市，而是一种基于时段性划分的经济形态，是以服务业为主体的城市经济在第二时空的进一步延伸。

② 李婕:《中国经济上半年增长强劲 消费仍是"第一引擎"》,《人民日报海外版》2017年7月22日, 第3版, http://paper.people.com.cn/rmrbhwb/html/2017−07/22/content_1792525.htm。

值得借鉴的是，在消费时代的演进过程中，应崇尚"简约生活"，你必须不断地和过去说"再见"。正如日本的山下英子在《断舍离》一书中所写的那样，"把家里半年以上不用的东西统统扔掉，留下天天必须使用的东西"。

崇尚个性化的"非标时代"到来

顾名思义，"非标时代"即"非标准化时代"。"非标时代"的到来，源自人类内在需求的变化，某种程度上是一种个性化追求，是人类在满足基本的物质需求之后追求更高一级需求的体现。用一句时髦的话说，以前是为了生存，现在是为了生活。

回顾以往的学习、工作、生活就会发现，许多东西都是标准化的，你必须遵从标准，只能在预设的轨道上运行，不能脱轨。年轻人学习用同样的课本，考试考同样的试卷，以同样的标准被录取，标准化的大学学习，最终毕业的大学生基本都出自一个"模子"。消费上，工厂里生产什么，商店里才有什么；商店里有什么，消费者才能买什么。在这样的环境下，我们所学的、所做的一切仿佛都是为了满足标准，哪怕我们花钱去买一项服务，你也会发现不是服务在满足我们的需求，而是我们要达到某种被服务的标准，加入一个标准化的人群，你才能获得服务。

"标准化管理"是19世纪末20世纪初在美国、西欧国家流行的"泰罗制"（Taylor system）现代管理思想的重要内容。当时，美国资本主义经济发展很快，企业规模迅速扩大，但由于生产混乱，劳资关系紧张，工人"磨洋工"现象大量存在，导致企业生产效率低下。美国工程师弗雷德里克·泰罗科学分析人在劳动中的机械动作，研究出了最经济、生产效率最高的"标准操作方法",每一个工人、从每一件工具、每一道工序抓起,设计出最佳的工位设置、最合理的劳动定额、标准化的操作方法、最适合的劳动工具。由于泰罗制的实施,当时的工厂管理开始从经验管理阶段过渡到科学管理阶段。

泰罗制科学管理,是一种工业管理方法。这种"标准化管理"在工业化时代是降低成本、提高效率的一种有效手段,但工业化时代的管理方法无法满足后工业化时代的个性化诉求。因为随着现代科学技术的进步,有更多的东西可以以个性化的方式而存在。留意观察一下你就会发现,大街上"撞衫"的人少了,"奇装异服"的人多了。可见,当今时代已不再是工厂里生产什么,商场里才有什么,商场里有什么,消费者只能买什么的时代了,而是追求"我需要什么你就能卖什么""我想要什么你就能给我生产什么"的"众包设计""私人定制"的时代。在这个个性化设计、订单式生产的时代,人人都是设计师,个个都崇尚个性化,人们已不再受制于同一标准,而是崇尚"以特为美""以稀为贵"。

楼宇经济迎来"品牌时代"

对于从高速增长阶段向高质量增长阶段转变的中国经济来说,品牌建设是一个绕不开的话题。按照国际惯例,当人均GDP超过3000美元时,居民消费升级将成为常态。有关资料显示,人均GDP达到2000美元后,人们的品牌意识会加强;达到3000美元时,品牌消费将成为主流。[①]

---

① 沈志勇:《大单品品牌——重新定义中国品牌模式(案例卷)》,电子工业出版社2013年版。

而在2011年的时候，中国的人均GDP就已超过了5000美元。如按此惯例推算，人们的消费会随着收入的提高，逐渐由追求数量、质量过渡到追求品位、风格，从重"量"转向重"品"，从而进入品牌消费时代。事实也的确如此。人们的消费期待逐渐从过去的"价优者得"，转变为如今的"质优者得"，甚至"品优者得"。

从现实情况看，"80后""90后"乃至"00后"正成为消费的主力群体，而他们这代人从小就生活在一个物质相对富裕的时代，又大多是独生子女，自信、自我、自由的个性及追求内心满足、强调自我、张扬个性的感性消费习惯，使得这一消费族群的消费需求日趋差异化、个性化、多样化，导致他们对产品"情感满足"的重视程度远胜过产品的功能价值。这种不完全聚焦于产品的功能价值，却更多聚焦于产品虚拟价值的消费观，就是一种品牌消费。楼宇经济发展过程中，也始终充斥着品牌的理念。人们选择办公地址时，看重品牌楼宇；人们入驻楼宇后，看重品牌物业管理。因此，从楼宇的建设到楼宇的运营，再到楼宇的管理，几乎每一个环节都需要品牌的建设商、运营商、管理商提供优质的服务。

品牌是历史的产物，也是市场的产物。而产品要成为品牌，不是一个自然、简单的过程。衡量品牌确立的标准是市场，检验品牌价值大小的标准也是市场。福布斯公布的"2017全球品牌价值榜"显示，苹果以1700亿美元登顶，连续7年夺冠。中国缺少的，恰恰是苹果这样的高端品牌。大量的事实告诉我们，在全球化竞争中，我们不应该只卖功能型、资源型产品，应该卖技术、卖创新、卖文化、卖附加值，而这些都可以通过品牌去实现。这就是虽然乔布斯不在了，苹果的表现依然很强劲的原因。随着市场竞争的日益激烈、管理的日趋规范，楼宇经济要想获得持续发展，必须走品牌战略之路。也正因此，在每年召开的"中国楼宇经济峰会"上，我们都会命名表彰一批品牌楼宇、品牌产业园区、品牌物业管理企业。

在我看来，品牌有一种"温度"。品牌意味着在质量、功能等方面与其他产品的差异性。在当今产品过剩的时代，品牌越来越多地成为使企业避免同质化竞争的"最后一道屏障"，也越来越多地对消费者识别、判断、选择产品发挥重要作用。当下，在几乎各地都在靠低门槛政策招商引资的大环境下，楼宇到底能产生多大的效益，一定程度上得靠楼宇品牌作用的发挥。"品牌"不等于"名牌"，也不等于"大牌"，但"品牌"也绝不仅仅是个"牌子"。可惜的是，许多企业家脑海里多是产品思维，却鲜有品牌思维，导致许多企业的产品只是有"牌子"而没有"品牌"。要使自己的产品在激烈的市场竞争中拥有一席之地，就必须有"品牌思维"。对于楼宇而言，品牌是一种"温度"，这种"温度"是如何让在楼宇中创业、在茶室里休闲、在特色街区逛悠的人们，通过人与人的直面交流形成更好的体验、互动、共享。正是一个个不断涌现的创作灵感、一朵朵不断迸发的思想火花形成的"品位休闲"与"活力创业"的互动发展，使"冷"楼宇"热"了起来。

在我看来，品牌是一种文化。"一年企业靠产品，十年企业靠经营，百年企业靠文化。"从某种角度看，品牌就是文化的一种体现，而独特的文化所形成的特色其实就是一种品牌。企业是如此，城市也是如此。城市是人类活动的容器，也是不同文化的载体，不应该只是钢筋、混凝土的堆砌物。城市文化应该体现在建筑所呈现的城市景观上，以及城市景观所呈现的文脉里。正如伊利尔·沙里宁所言，文化代表了一座城市的价值追求和走向未来的理想。一个城市的特色犹如一个人的个性，一座没有特色的城市就像一个没有个性的人一样，不可能有独特的魅力。楼宇经济发展之所以强调楼宇的人文效益，就是为了避免对城市风貌特色的塑造变得千篇一律，从而使独具特色的城市文化被单调的新建筑群所淹没，成为同一条流水线上生产出来的"面子工程"。

在我看来，品牌是一种服务。著名营销学家菲利普·科特勒给了品牌这样的定义，他说，品牌是一种名称、术语、标记、符号或图案，或是它们的相互组合，用以识别企业提供给某群消费者的产品或服务，并使之与竞争对手的产品或服务相区别。因此，从这个角度说，品牌又是一种服务。卓越的服务意识、优质的服务产品、高超的服务方式是优质服务必备的三要素。根据联合国的有关界定，当人均GDP超过8000美元时，消费需求会更多地从商品层面转到服务层面，服务消费额将逐渐超过商品消费额。在交通日益发达、市区日益拥堵的今天，距离已不是企业选择办公场所要考虑的首要问题。人们宁愿在郊区开车一小时，也不愿在市区堵上一小时。因此，许多企业选择办公场地不再唯市区中心地段"马首是瞻"，而是更加看重楼宇周边的环境、生态和楼宇中的服务。这种趋势下，企业向客户提供的附加服务越完备，产品的附加价值就越大；反之，则越小。国际权威机构的一组数据显示：客户服务不好，会造成94%的客户流失；没有解决客户的问题，会造成89%的客户流失；每个不满意的客户，平均会向9个亲友叙述其不愉快的经历；在不满意的用户中，有67%的用户会投诉；较好地解决用户投诉，可挽回75%的客户；完美地解决用户投诉，将有95%的客户会继续接受服务；吸引一个新客户的费用，是保持一个老客户的6倍。[①]可见，服务是产品面对同质化竞争的最优选择、最好广告和最大竞争力。

"楼宇等级评定"不可取

我们说，社会发展进入了"非标时代"，这是基于社会越来越个性

---

① 岑彩云：《客户服务就是市场》，《经营与管理》2006年第2期。

化的趋势而提出的。正是这种追求个性、品质、体验、时尚的"非标时代"的到来，使个性化的东西、创造性的东西获得了更多的生存空间，以标准化眼光去选择和评判事物的人们正在发生改变，从而带来了生产者、经营者、消费者的理念更新。这也在一定程度上迫使我们去思考"是不是事物都要按统一的模式发展""是不是什么东西都要制定一个统一标准"的问题。

精神层次多元化主导的个性诉求，许多时候表现为穿衣追求个人风格、装修追求个性设计，人们无法再服从别人创造的生活方式，而是以自己的想法、以自己的方式去生活。生活中不乏这样的例子。以前人们喜欢住星级酒店，以酒店的星级高低凸显身价，甚至有些大公司明文规定员工出差非五星级酒店不住。可见，那时在人们心目中，星级是一种标准、一种身价、一种等级。但这些年没有星级标准却很个性的民宿十分火爆，价格甚至远远高于五星级酒店，有些还必须提前很久预订。这又是为什么呢？其实，这种现象所代表的就是一种趋势、一种潮流。这个趋势、潮流就是我们所说的"非标化"。

市场经济条件下，市场的终极使命是实现最优的匹配，让我们用最低的成本找到最佳匹配对象，没有必要把自己变成同一个模子、变得非常标准化，从而人为地套上"紧箍咒"。在当今时代，你会发现，你的创造、你的设计、你的产品越非标准化、越有个性，就越能迎合顾客的需求，就越有可能以差异化竞争的优势获得更大的市场。

楼宇经济发展也是一样。对于楼宇建设，国家有建筑设施的建设标准；对于楼宇管理，国家有物业管理的管理标准。如果硬要炮制出一套楼宇等级标准，人为地将楼宇硬生生地划分为三六九等，甚至让政府以资金奖励相配合，没有多少实际意义。

不客气地说，楼宇等级评定掺杂着浓厚的19世纪末20世纪初泰罗制的标准化管理思维。在追求个性发展的"非标时代"，给所有楼宇同一张考卷、同样的答案，这种以同样的模式塑造楼宇的标准化思维，将为楼宇经济发展套上"紧箍咒"，不仅不利于楼宇的个性化发展，更是一种不遵循经济规律的"逆潮流"之举。民间机构、企业出于自身的利益玩点噱头可以理解，作为国家部委、地方政府，当有自己的认知力、判断力、笃定力，大可不必随之"起舞"。

"年深外境犹吾境"：城市发展要留住乡愁

正如唐人黄峭在《黄氏认亲诗》中所描述的，"年深外境犹吾境，日久他乡即故乡"，人们心中也许隐藏了一种"反认他乡是故乡"的无奈。而曾经很火的一首歌曲《乡愁》，在歌手雷佳声情并茂的演唱中，更是把许多游子的思绪带回了曾经的故乡。

如果你去过许多景区，稍微留意一下就会发现，去那些返璞归真的古村落、古街区、古民居的外国游客，远远高于在繁华闹市区游玩的外国游客。这或许可以进一步理解为，国际化程度未必只是看高楼大厦，国际化程度也未必就是繁华程度，大都市的国际化程度更未必就一定高于古朴的小镇。因为隐隐中，人们内心深处总在寻找那些真实的存在。而那些真实的存在，其实就是人们不太在意却与某个地方紧密联系、在脑海中挥之不去的东西。这个说不清、道不明的东西，就是"乡愁"。

美国著名建筑师柯蒂斯·J.沙夫纳克（Curtis J. Scharfenaker）指出，"真正的场所并不存在于大楼之间，而是存在于人们值得记忆的体验中"。随着城市化的浪潮和生产要素的自由流动，人们的存在越发变得"非地域性"。又如亚里士多德所言，"人们来到城市是为了生活，人们居住在城市是为了生活得更好"，却常常暗地里借助精神上的超越性

"回望"，来排除自身与现实世界之间的异己感与不适感，乡愁便幻化为人们对于家乡生活的一种顾盼，成为一种对本乡本土的心灵守望。

在诗人余光中的诗里，乡愁是一枚小小的邮票，是一张窄窄的船票，是一方矮矮的坟墓，是一湾浅浅的海峡。从某种意义上说，乡愁是当代人的一种文化生存方式。对于城市而言，烙印乡愁的文化符号，往往体现于视觉可见的凭证或可激活的文化记忆。人们对城市的感知不再局限于林立的高楼大厦，而是那些承载了时光记忆、独具匠心的古城、古街、老厂、老楼、老校园。许多时候，小巷中被磨得光溜溜的青石板、长满青苔的斑驳墙壁，其实都是城市的记忆。可惜的是，这样的记忆正变得越来越少。城市之间越来越激烈的同质化、攀比式竞争，让各自的特色逐渐消弭，让彼此的气质日渐趋同，"故乡"和"他乡"愈发相似，乡愁也正在被人为地淡化。这就给人们出了一个新课题，就是我们该如何保存好城市古建筑、激活城市文化遗存，让它们成为人们重温生活过往、寄托浓浓乡愁的载体？

现实中，我们常常会忽略"城市是用来居住的"，忽略"每一种居住体验都带着个人的色彩"。我们也似乎忽略了城市是一种坐标系，忽略了一个人和某个城市之间强烈的默契或惊人的反差往往可以瞬间映衬出生命中的悸动。所以，当我们穿越了一座又一座雷同的城市之后就会发现，只有那些能够引起生命共鸣的城市，才可以用一帧帧定格的年华，留住记忆中永不褪色的风景。

发展楼宇经济别搞"拿来主义"

《财经》杂志曾刊载过一篇文章，叫《中国城市"沉浮"，谁在主宰?》,文中提到了城市的收缩和衰变、扩张和新生。有本书叫《收缩的城市》,讲到了城市的收缩。无论是叫"收缩"也好,还是叫"沉浮"也罢,都是城市发展中出现的新现象。从历史的维度看,城市发展的此消彼长永远是一个动态的过程,有多少昔日的城市衰落,就会有多少明日的城市崛起。尽管影响城市兴衰的因素有很多,但城市治理是其中一个很关键的因素。"治大国若烹小鲜。"城市的治理也是一样,"慢工出细活",不应该有浮躁之心。

要让城市有根有魂、有个性有品位、有魅力有活力,就必须尊重城市发展规律、尊重自然生态环境、尊重历史文化传承、尊重市民群众诉求。城市的发展都有其规律性,也有其阶段性,但城市的发展应该是渐进式的,而不应该是急功近利的,不能无视区域的自我条件,以牺牲百姓的利益为代价,干一些超出城市负荷的事情,即使出发点是好的。而应该以"田忌赛马"的思维,追求城市发展的个性化、差异化、特色化。

楼宇经济发展也是一样。尽管这些年来越来越多的城市在提楼宇经济,但当地的楼宇经济和别处的楼宇经济有何异同?楼宇经济发展到底该从哪入手?这些问题却鲜有人静下心来认真思考,多数城市习惯于组织一批人参观学习,认为好的就简单复制、生搬硬套、搞"拿来主义",甚至以为建设一个楼宇社区、开发一个网站、成立一个楼宇经济促进会搞搞活动、吃喝吃喝就是在发展楼宇经济,却不知"橘生淮南则为橘,生于淮北则为枳"的个中奥秘。

当前,越来越多的地方政府已逐渐意识到这个问题,对楼宇经济的发展诉求也从最初的追求税收亿元楼宇、税收千万元楼宇、楼宇"亩产率"、税收"贡献率"等经济指标,逐渐转向追求楼宇经济发展对区域经济的拉动、对城市品位的提升、对就业增长的促进、对城市文化的传承、对城市生态的引领等经济、社会、人文、生态的综合效益。既然要发展楼宇经济，你就要清楚地认识到自己的优势在哪、特色在哪、基础在哪。明白了这些，再去思考，楼宇经济发展该从哪开始着手，哪些是可以做的，哪些是暂时做不到的，哪些是可以争取做到的。比如说，一个三线城市，就没必要与一个一线城市去比楼宇的数量、高度、税收，许多先天因素决定了它们不在一个起跑线上，也根本不在一个量级上，不具可比性。但三线城市完全可以和一线城市比楼宇的文化效益、生态效益，因一线城市未必有三线城市特有的文化底蕴、生态环境。这样发展起来的楼宇经济才能体现自己的特色、显示自己的个性，也只有秉持"人无我有、人有我优、人优我特"的理念，才能在激烈的竞争中脱颖而出。

体验经济：服务的"场景化"

有人说，体验经济是继产品经济、商品经济、服务经济之后的第四大经济发展阶段。对于这样的划分是否合理，我不予置评。但有一点是不容置疑的，那就是体验经济正发展得如火如荼，影响着各行各业。

美国著名的未来学家阿尔文·托夫勒在其名著《未来的冲击》中指出："未来经济将是一种体验经济，未来的生产者将是制造体验的人，体验制造商将成为经济的基本支柱之一。"美国经济学家约瑟夫·派恩和詹姆斯·吉尔摩在《体验经济》一书中认为："人们正迈向体验经济时代，体验经济将取代服务经济。"

如果说工业经济时代的消费行为强调效率，服务经济时代的消费行为重视服务，那么体验经济时代的消费行为则追求情境。过去，人们穿梭于百货商店或许只是为了买一件衣服、一个箱包；后来，人们在购物中心购物的同时喝杯咖啡、吃顿便饭成为常态；现在，人们去购物中心已经是"醉翁之意不在酒"，主要是去打发时间的。逛街也已不再只是女人的专利，也不再仅仅只是为了购物，而是一种休闲、一种体验、一种时尚。正因为人们对生活的关注重点已从简单的生理满足转向追求情感价值，才使如何最大限度地满足感情的愉悦成为创造新生活模式的关键。

把时光的镜头切换到30年前，你就会发现，中国的物质资源从全面稀缺到全面过剩仅用了大约30年时间，在这30年里，人们的消费观念开始从"消费是占有更多资源"升级至"消费是为了成为理想中更好的自己"，这不仅表现为对商品或服务的占有，更体现在为特定时空、特定场景下难以磨灭的体验"买单"。在社会学家雷恩·奥尔登博格看来，那些家庭和工作以外的地方属于"第三个地方"，那是一个人们能和同样社会团体的人进行交流的地方。"有了好的体验才会吸引更多的人回到这个场所。即使离开，过了五六年后，他们还会回来，因为这个地方给他留下了深刻的回忆和体验。"

有个词汇最近也被频繁提及，那就是"场所精神"。"场所精神"一词出自著名挪威城市建筑学家诺伯舒兹1979年出版的《场所革命——迈向建筑现象学》一书。场所，在某种意义上讲，是一个人记忆的一种物体化和空间化，也就是城市学家所谓的"Sense of place"，解释为"对一个地方的认同感和归属感"。细心的人们会发现，传统的购物中心已变得越来越生硬，一些大型商场已经在悄悄发生改变。可见，如何寻求和表达人与自然之间这种平衡的美妙关系，如何创造"能够提供记忆体验的场所"，将成为体验时代现代化场所的成败关键。

提起体验经济，就不得不提到体验式消费。之前，我们已多次提及未来消费的体验式、场景化趋势。如果要深究体验式消费风行的缘由，还是要落脚到消费者身上。年轻的消费群体生来就处于马洛斯需求理论的上三层（社交需求、尊重需求、自我实现需求），低价消费无法满足他们，而经济与教育却促使他们对消费产生新的认知与需求，更迅速地抛弃旧的消费观念，更快地接受新型的消费理念。因此，让商业聚集形式因空间、业态、比例、规模、审美的不同，形成商业、商务、旅游、文化功能联动的情景感、主题式、个性化消费新模式，满足消费者"一站式"购物和体验需求是当务之急，也符合"场景革命"的大方向。

个性化体验是商业实体店的"生存法宝"

稍微留意一下你就会发现，目前许多传统商业实体店、购物中心的经营状况普遍不景气，有的甚至关门歇业了。之所以出现这样的局面，主流观点认为它们是受到了电商的冲击。其实也不尽然。电商固然是其中的影响因素之一，但不致命，真正压垮实体店的最后一根稻草是同行之间无底线的同质化竞争，而且这种同质化的竞争正从线下蔓延到线上，最终结果自然是两败俱伤。

商业实体店的不景气，从"中国服务业500强"中商超百货企业的入围数量变化可见一斑。数据显示，2005年，91家商超百货企业入围"中国服务业500强"榜单，而后数量持续下降；10年后的2015年，榜单上仅剩42家商超百货企业，不足10年前的一半。[1]另一份报告显示，2018年"中国民营企业500强"榜单中，商务服务行业的上榜企业仅14家。[2]因

---

[1] 高蕊:《中国企业500强揭晓,服务业营收占比首超制造业——服务业"逆袭"重塑行业格局》,《经济日报》2016年9月2日,http://paper.ce.cn/jjrb/html/2016-09/02/content_310723.htm。

[2] 中商产业研究院:《2018年中国民营企业500强排行榜(商务服务行业)》,2018年8月30日,http://top.askci.com/news/20180830/1421481130532.shtml。

此，传统实体店、购物中心的转型发展已迫在眉睫。

相较于中国电商的热火朝天，邻国的日本却是另一番景象。大阪市繁华的商业区大阪城、心斋桥、难波、天神桥、梅田等，一到假日便人满为患，店面生意火爆，更不用说"购物天堂"东京了。日本为何不大力发展电商？不是日本人不懂电商，更不是他们的互联网不发达。主要在于其重视人性化的细节服务、贴心的基础设施、社会及城市机能的融入、匠人品质打造"家"的延伸，说到底就是有体验式的消费、品质至上的产品、让人放心的价格。

号称日本"零售之王"的日本7&i集团开设的集百货、超市、零售、餐饮、休闲、娱乐为一体的创新社区型购物中心GRAND TREE（格林木），建筑面积达3.7万平方米，开业13天客流就突破100万人次，创下了日本社区购物中心神话。这个项目的成功没有走任何"偏门"。它的成功来自对消费行为的敏锐洞察，有别于传统商业的模式创新，就是"把格林木购物中心建成大家乐意来玩的地方，在玩的过程中顺便买一些东西回家"，把"购物休闲"转化为"休闲购物"。

纵观国内那些已经倒闭或濒临倒闭的实体店，其所售产品大多集中于服装、鞋帽、电子、日化、化妆品等"大路货"，这些产品在淘宝、天猫上都能买到，而且品种更多、价格更便宜、运输更快捷。因此，实体店的竞争对手除了星罗棋布的线下同行之外，还有线上的虚拟店的跨界竞争。在千军万马的重重围剿之下，许多实体店难逃倒闭的命运。而那些售卖贵重物品、个性定制商品的实体店似乎无惧电商的存在，依然红红火火。为何？关键在于它的难以复制的个性化和电商无法替代的体验性。

个性化的追求、多元化的需求、品位化的生活，使楼宇经济发展中的"人"这一主体因素发生了很大变化。正因为有了这些变化，在未来的商业经营、商务运营中，就要更多地考虑到这些因素，在商业服务、商务服务中植入特色化、个性化、定制化的体验型元素。

变空间的"物理反应"为产业的"化学反应"

互联网潜移默化地影响、改变着我们的世界，让七大洲、四大洋变成了"鸡犬之声相闻"的地球村。随着席卷而来的"互联网＋"风潮，无数创业者与投资客投身这场大变革，楼宇经济发展也搭上了"互联网＋"的时代快车。无论是"互联网＋楼宇"，还是"楼宇＋互联网"，互联网都将成为标准配置。可以这么说，围绕着楼宇经济发展，人们的生活链有多长，痛点有多少，就会有多少种"＋"法，建筑、景观、教育、医疗、社交、养老、金融、餐饮、交通、服务……从这个角度而言，未来楼宇经济的增量要靠"＋"去提升，楼宇的存量要靠"＋"去盘活。

畅销书《失控》的作者凯文·凯利曾说，"网络经济下，社会由改变转为流变"。[①]的确，"互联网＋"在重塑人与人之间关系的同时，也将重构产业形态。互联网与传统企业的深度融合，不仅是技术与设备的应用，更重要的是从思想、战略层面引入了互联网思维所倡导的"用户至上""快速迭代""普惠服务"。可以预见，以"互联网＋"为代表的新经济形态，将经历传统产业模式与新兴产业模式交织，新模式、新产业、新产品、新业态成长过程中阻力与突破力此消彼长的过程。2.0时代的楼宇经济势必将借助互联网以实现传统商务楼宇的产业集聚化、办公生态化、管理系统化、服务集成化。

---

① 刘畅：《媒体融合创新，要深度联结用户》，《人民日报》2016年1月6日，第12版，http://opinion.people.com.cn/n1/2016/0106/c1003-28016569.html。

互联网思维是一种包括用户思维、大数据思维在内的多元化新思维，它打破了人们固有的思维定式、行为惯性和路径依赖。如果说以前互联网带给人们的只是社交、娱乐方面的应用，如今它已经广泛地融入了社会、经济生活的方方面面，也渗透进了传统产业的各行各业。因此，"互联网＋"不仅改变了人们的传统生活方式，更在一定程度上合理配置了资源。

第一，"互联网＋"时代更注重融合发展。"互联网＋"时代，产业之间不再是以前的"单打独斗"，而是已形成产业链、价值链等现代产业组织方式的"链式"发展，形成"你中有我，我中有你"的依赖，形成一二三产的"跨界融合"，这从日本学者今村奈良臣首倡的"第六产业"概念及日本政府大力推进的"六次产业"中可以看出来。互联网企业开始跳出科技、信息的业务范畴，向实体服务延伸，逐渐"变重"；有实力和远见的房地产企业也开始尝试基于互联网重构自身体系和业务，努力"变轻"。

第二，"互联网＋"时代更注重创新发展。未来，互联网与相关企业将借助大数据、人工智能、工业 N.0，成为围绕人的需求而形成的生态链的一个个模块。楼宇与产业是载体和内容的关系。"互联网＋"时代，楼宇所承载的不再拘泥于现代服务业，也可以是对场地、空间要求不高的都市工业、现代农业。如长沙的"楼宇工厂"把工业搬进了楼宇；瑞典人在楼宇中种水稻，把农业搬进了楼宇。

第三，"互联网＋"时代更注重转型发展。"互联网＋"的过程，是不断流变的过程，也是一个共生的过程。"互联网＋"时代，不是互联网企业淘汰传统企业，而是新的商业文明替代旧的商业文明。对于楼宇经济而言，其发展潜力、增值点不是"建楼卖楼"，而在于楼宇内产业的引进与培育，在于楼宇的运营、管理、服务。住宅地产、商业地产从本质上说都是产业地产的下游产业，是对产业地产的配套和辅助。"互联网＋"时代，当年一哄而起的经济开发区、高新产业区、工业园区等传统工业地产也面临着产业的升级与转型问题。2015年国务院出台的《关于促进国家级开发区转型升级创新发展的若干意见》，明确要求"开发区要在发展理念、兴办模式、管理方式等方面加快转型"。各地政府也专门出台政策文件对各类开发区进行整合、优化、提升。可见，转型发展是"互联网＋"时代楼宇经济发展的必然趋势。

"互联网＋"催生楼宇经济发展新模式

楼宇经济发展的关键，在于楼宇中承载的产业和楼宇里办公的人群。而互联网的发展和新技术的应用，正在越来越快、越来越多地改变着人们的生活方式、消费方式和企业的生产方式、销售方式、办公模式，从而也影响着承载产业的楼宇，使楼宇经济发展面临新的变量。

"互联网＋"催生了新的生活模式。移动互联网时代，消费者的购物行为发生了显著变化：购物空间立体化（全渠道购物）、购物时间碎片化、购物方式移动化、信息传播社交化。购物行为的这些变化，直接颠覆了人们原先在某一固定时间、固定场所进行商业消费的习惯，商业地产也正在直接面临这种购物习惯转变的冲击。而互联网从虚拟世界进入现实世界，开始在线下真实生活场景中提供各种服务，由"价值传递"向"价值创造"渗透，更大大改变着人们的生活方式。"80后""90后""00后"逐步成为楼宇中办公的主体人群，又是网购消费、信用消费的主力军，他们的消费偏好已从上一代人关注的价格转向关注品质、品牌、品位，消费目的越来越追求吃出健康、穿出时尚、用出品位，消费方式则更多希望能够随时、随地、随心地消费。

"互联网＋"催生了新的销售模式。当前，互联网对传统行业的改造正从标准化的"有形商品"过渡到非标准化的"无形服务"。传统商业地产强调商业空间的区域性、客户定位的准确性、商业空间被动吸纳客户的能力，这种传统的商业模式不仅将客户及经营活动划定在一定的时空概念内，而且把营销产品的价格定位作为地产价值展现的标志。与现实的渠道争夺相比，互联网从线上到线下、从线下到线上的发展模式，打破了销售时间的限制，打破了营销空间的边界，也打破了客户群被动购买的单一模式，是对供应渠道、供应链模式、厂商关系、买卖关系、地域关系等游戏规则的重塑。而移动互联网"线下实体店＋在线网络店"的O2O模式，一定程度上对楼宇企业原有的商业模式形成了冲击，迫使其更多地突出产品的展示功能、体验功能、互动功能，实现线下体验和线上交易的无缝链接。

"互联网＋"催生了新的办公模式。"互联网＋"突破了传统场地办公的"8小时坐班制"办公模式，许多企业只需短期租用、临时租用甚至无须租用办公室，就可以实现企业的正常运营，于是租期灵活、租金更低、个性定制、服务完善的"联合办公""商务办公钟点房""虚拟办公室"应运而生。拥有行业从业经验的毛大庆，通过运营在北京等核心城市的旗舰店，打造出"优客工场"品牌，形成了联合办公空间的运营能力和品牌效应。"太库"则采取资本杠杆、规模效应的方法，通过大规模的资本投入，在美国硅谷、以色列及中国核心一线城市瞬间布局完整的世界级网络，直接向规模要效益。而万科、万达、SOHO等拥有传统地产行业运营经验的大企业，也采取了更加多元的策略。据有关问卷调查资料显示，国内企业中偏好传统办公空间的约占50%、偏好合用空间的约占30%、偏好共享空间的约占20%；而亚洲企业的这三项偏好比例分别为45%、78%、22%；美国企业的偏好比例分别为50%、80%、

20%。①由此可见，在商务楼宇中引入新的办公理念的时机已经成熟。新的办公模式的出现，无疑将给商务楼宇分散产权的"房租客"、靠赚租金差价的"二房东"带来很大的冲击。

融合发展：楼宇经济必做的"大文章"

作为一种新的经济形态，楼宇经济在提升城市产业价值、产业功能的同时，有效融合了城市乃至周边区域的产业、资本、人才、技术、管理、文化等要素，形成了一条条延伸的产业链，驱动着城市的发展。而人是生产要素中最活跃、最宝贵的因素。有的楼宇因为有了人才的集聚，才有了公司的集聚；有的楼宇因为有了公司的集聚，才有了人才的集聚。究竟是因为人才产生了公司，还是由于公司集聚了人才，我想，这是一个"蛋生鸡，鸡生蛋"的过程，两者应该是彼此相依、相长的关系吧。试想，楼宇经济让众多的公司汇聚在一幢楼中、集聚在一条大街上，彼此的影响和合作就会发生。而楼宇中所蕴藏的精英就是一个最好的合作群体，能在最小的空间、最好的环境中把公共资源结合在一起，使公司运营成本大幅降低。

自从有了楼宇，"轻资产"运营的公司就有了新的归宿。许许多多的公司聚集到一起，有时甚至一幢楼里有几百家、上千家公司，如果没有这幢楼，这几百家公司就会像以前那样分散在各地，企业的运营成本就会很高。而同一幢楼里，企业的优秀文化更容易交融，形成大商务文化，从而带来城市的仿效效应。1.0时代的楼宇经济，其整体效益多从

---

① 夏效鸿：《"e"时代楼宇经济新变革》，《浙江日报》2016年11月11日。

楼宇扎堆式集聚、外延式扩展的"物理反应"中获得;而到了2.0时代,楼宇经济的整体效益将通过楼宇载体融合、要素融合、功能融合等内涵式提升的"化学反应"中来获得,从而将楼宇经济从"1+1=2"的集聚发展时代带向"1+1>2"的融合发展时代。因此,产城融合、产城一体并非产业与城市的简单叠加,而是产业、城市、生态、文化的有机融合。

一是以"楼宇集聚力"为主要驱动的载体融合。随着土地日益集约、资源高度集中、要素高端集聚,楼宇除了集聚形成中央商务区之外,还逐渐向特色街区、专业市场、产业园区集聚,通过"楼宇+特色街区""楼宇+专业市场""楼宇+产业园区"的融合发展,形成一个个充满时代感的"中央活力区"。城市中心的旧厂区、旧仓库、旧厂房不再如以前那样一拆了之,而是会被改造成文化街区、创意园区,成为维护自然生态、传承历史文化、延续城市文脉的"人文楼宇"。一、二线城市将会续存一定数量的"大浪淘沙"之后形成的"联合办公"品牌,以满足企业短时的会客、商务谈判、企业形象展示等个性需求。

二是以"产业耦合力"为主要驱动的功能融合。根据国外经验,在年人均GDP突破5000美元时,消费结构和消费模式都会向文化、娱乐、体育、健康等新兴消费领域转变,而2018年中国的人均GDP已接近10000美元。商务楼宇作为产业集聚的平台,以前单一的物业形态逐步被赋予了商业、酒店、餐饮、会议、文娱等功能,从而开启了商务楼宇产品功能从单一、简单到多功能融合、多体验叠加的新时代,产品定位也从低端、粗放向精细、个性转型升级。产业耦合作为一种更全面、更高效的先进产业发展模式,不仅是不同产业间技术、知识上的共享和相融,更是产品市场、生产要素、产品研发、技术创新等全方位的合作利用和交互影响。商务楼宇集群通过文化、科技、旅游等产业的耦合形成生产要素、产品市场、技术信息的互动,带动产业链中的上下游产业快速发展。

三是以外因影响力为主要驱动的要素融合。外因影响力是楼宇经济发展中的重要作用力。"互联网＋"时代，产业之间已形成上下游产业链和一、二、三产的跨界融合，正如日本学者今村奈良臣提出的"六次产业"理念，全产业链的系统经营和品牌化发展会越来越受到重视。楼宇作为产业集聚的载体，通过对文化、科技、品牌、资本、技术、人才等要素的集聚、匹配、融合，能形成一定的规模经济、范围经济、外部经济效应，从而增强楼宇的发展活力。而政策导向、人流导入、生态导引为楼宇经济发展提供了政策、人气、环境支持，从外围层面驱动着楼宇经济发展。

载体融合：中央商务区的"前奏曲"

谈起城市，我们肯定会谈到可持续发展的理念。可持续发展不是单纯的城市建设，而是要为产业发展提供空间和资源，为人才集聚创造环境和条件，从而提升城市的发展质量和综合竞争力。

事实上，单纯的城市建设，不是严格意义上的可持续发展。近些年来，许多城市的特色街区、专业市场、科技园区发展得如火如荼，而这些市场、街区、园区都是由一幢幢楼宇组合而成的。从这个角度而言，发展市场、街区、园区就是发展楼宇，楼宇发展好了，市场、街区、园区也就发展好了。因此，如何立足城市的区位特点、产业基础、资源禀赋，张扬城市的个性，将这些载体与楼宇经济创新融合，实现特色发展、专业发展、统筹发展，是个值得深思的问题。

载体的融合，应该是楼宇经济发展中的最初环节，或者说是楼宇经济发展中的原始积累阶段。某种意义上说，这一阶段仅仅只是完成了物理空间上的集聚。当然，我们也不能小看这样一种集聚，正是有了空间集聚的"物理反应"，才会带来后续的产业集聚的"化学反应"。而许许多多楼宇载体的融合，往往就会形成中央商务区的雏形。载体融合通常有这样三种情形：

"特色街区＋楼宇"。特色街区是未来城市发展的又一经济增长点。随着人们消费观念、生活观念越来越个性化、多元化，特色街区逐渐呈现空间休闲化、功能复合化、主题个性化的趋势，成为白领工作之余逛悠、休闲的去处，在城市公共生活中扮演着越来越重要的角色。有句话说得好：越是民族性的，越具有世界性。如果你去各地的特色街区逛一逛，不难发现这里的外国游客多于去本地的都市街区的，因为许多国外游客更崇尚自然、古朴、真实。如同北京的王府井、上海的南京路、成都的宽窄巷子、扬州的东关街、杭州的河坊街……要整合特色街区的载体、文化、产业、生态等资源，通过商务楼宇与特色街区的相互倚重、融合发展，复兴和创新特色街区的活力，从而形成楼宇经济与特色街区的协同发展。

"专业市场＋楼宇"。随着电商的冲击和实体经济的下行，传统专业市场"前店后厂"式的粗放式生产模式、"先生产后销售"的销售模式已难以为继，繁杂的市场交易带来的交通拥堵、环境污染等"城市病"，也极大地阻碍了城市的提质扩容。而旧城改造、棚户区改造的推进，使各地专业市场的提升、改造也进入了一个"高发期"。市场，光有"场"还不够，要谋划如何让"场"形成"市"。这是一个脑力活。要对传统的专业市场进行"关、停、并、转"，通过异地搬迁、原地扩建、拆迁改建等形式，实现从批发型、零售型向展示型、体验型转变，形成以个性定制、订单生产为主要内容，集现代化交易、商场化管理、集群化整合、楼宇化发展、总部化办公为一体的"市场综合体"。

"产业园区＋楼宇"。产业园区应该是楼宇比较集中的区域了，许多园区其实就是楼宇或由楼宇组成。当现代服务业逐渐成为产业园区的产业主体的时候，产业园区的楼宇经济特征愈发凸显。尤其是科技型企业、创新型人才进驻商业楼宇，为商务楼宇增添了不少新元素。从国家的整体经济数据来看，全国375个国家级经济开发区和高新区的GDP占比22.5%、税收占比25%、进出口总额占比34.6%。①因此，要强化产业园区的载体功能，以产城融合为导向，重新激活产业园区的创新发展动能。通过在产业园区特定空间内集聚特定产业，实现专业化分工和社会化协作，使产业园区内的产业结构更加合理、产业特色更加鲜明、集群效应更加显著、功能布局更加优化。

楼宇经济"血脉"里流淌的，始终是产业地产的"血"

产业地产是继住宅地产、工业地产、商业地产之后的又一种地产形态。顾名思义，产业地产就是"产业＋地产"，它是一种整合资源、集聚要素、承载产业的地产形态，是一种将地产开发、产业发展、城市功能有机结合、相互促进的新型地产开发模式。因此，产业地产是以产业为主导要素而运营的，它有别于过去的住宅地产、工业地产、商业地产。产业地产更强调产业与地产的有机融合，而体验功能、展示功能、生态功能，则是实现产业地产运营的必备功能。

楼宇经济的"血脉"里流淌的，始终是产业地产的"血"。我觉

---

① 姜泓冰:《375家国家级产业园区经济发展回稳,2017年创造近1/4税收》,人民网,2018年12月4日,http://sh.people.com.cn/n2/2018/1204/c176738-32367125.html。

得，这么说丝毫不为过。因为，楼宇经济的发展脉络中，始终贯穿着"产业地产"的运营理念，通过赋予地产更多的功能、集聚更多的要素、承载更多的产业，实现地产的价值最大化。因此，我们说，正是楼宇经济的发展，引领了"地产产业时代"向"产业地产时代"的转轨。而未来的楼宇经济发展，要更加注重突出"三大功能"：

第一，要突出楼宇的展示功能。要直面互联网对传统商贸、传统产业所形成的冲击，注重以产品的外观设计、色彩、功能等特色吸引客户，并强化用户的体验感和产品的展示功能。对传统的专业市场、特色街区、商业区、商务区等进行优化升级，突出对产品、设计、品牌的展示，为用户购买产品、服务等提供样品参考。

第二，要突出楼宇的体验功能。体验经济时代，用户的需求被进一步放大，不断优化和提升顾客的消费体验应成为吸引消费者的关键。要从生活情境出发，打造良好的感官体验及心理认同感，通过楼宇的布局、构造、色彩与城市人文、城市风格、城市色彩的融合，营造别致的休闲消费环境，激发人们的消费欲望。要更加注重空间、环境和设计，突出合理的布局、特色的风格和舒适的环境，力求与消费阶层的生活品位、消费习惯相匹配。

第三，要突出楼宇的生态功能。重塑城市固有的文化、生态、邻里、健康、荣耀，创造原先城市里未有的现代生活方式、空间设计、运营机制与社区规划。按照"适用、经济、绿色、美观"八字方针，强化对公共建筑、超限高层建筑的设计管理，防止片面追求建筑外观形象而忽视实际功能的情况出现。

空间共享：共享思维的"灵感"再现

人与人之间的共享，不止于物质层面，更有精神上的交流共栖。无论是美国的"WeWork"，还是比利时的"雷格斯"，抑或澳大利亚的"世服宏图"，其空间共享理念下的联合办公、虚拟办公、柔性办公，应该说都迎合了国内年轻创业一族的共享需求，尤其是在租金较高的一、二线城市，联合办公显得更有市场。这种需求，除了有空间上的，更有心灵上的。

毫无疑问，联合办公除了共享的理念之外，最大的优势在于节省了办公空间。以前办公至少需要一间月租金几千元的办公室，现在一个每月几百元的工位就可以解决。但当联合办公被越来越多的创业者所接受的时候，我们的许多商务楼宇尚未完成第一轮承租，就遇到了新一轮的冲击。这也是商务楼宇在"去库存化"过程中遇到的新问题。理论上说，国家提出"大众创业，万众创新"的扶持政策，创业者会增多，办公空间需求量会增加，但人们却忽视了一点——创业者大多是刚出校门的大学生，无力支付办公场地昂贵的租金。而恰恰在此时，联合办公出现，好不容易出现的办公场地新需求大多被联合办公抵消了。

这就给我们的楼宇运营商提供了思考的空间：到底要不要迎合新的办公群体的需求？要在多大程度上迎合这种新的需求？该如何设计商务公共空间，打造"商务办公钟点房""虚拟办公室"等产品，以满足企业个性办公之需？我想，不管怎样，至少要朝这三个方向予以关注和努力。

第一，要体现办公空间的"共享化"。根据麻省理工学院的研究，

80%的产品和服务商的突破性创新并非发生在正式会议或计划好的头脑风暴工作坊里，而是专职人员之间非正式接触交流的结果。因此，要充分激发联合办公的分享精神和创新思维，促进企业员工接触交流以产生协同效应及灵感碰撞。要推广联合办公空间的共享办公模式，将商务楼宇、产业园区以共用空间形式对外出租，让客户共享空间、共享资源、共享服务，获取租金与增值服务。

第二，要体现办公模式的"虚拟化"。迎合碎片式办公、"零工经济"新潮流，引入雷格斯"虚拟化"的新型办公理念，积极打造融商务中心、行政、酒店于一体的"商务钟点房"，推进商务办公的"虚拟化"。

第三，要体现办公时间的"柔性化"。借鉴雷格斯、世服宏图的办公理念和运营模式，在大城市的核心区予以试验推广，以满足"柔性办公"的个性需求，减轻上下班瞬时高峰带来的"城市病"。

众创空间：形式大于内容

随着互联网平台聚众优势的发挥，以众创、众筹、众包为代表的商业模式逐渐火起来，一时间"双创空间""创业学院""创客空间"和"前孵化器""加速器""专业孵化器""大型综合孵化器"等新兴互联网创业服务平台、"互联网＋双创"示范基地在各地兴起。

在"大众创业，万众创新"的号召下，以智慧城市产业、手机游戏设计、工业机器人产业为代表的低成本、便利化、全要素、开放式的"众创空间""创客创新梦工场"等新型创业服务平台如雨后春笋般冒出，具有代表性的众创空间有 Hackerspace、北京创客空间、杭州洋葱胶囊等。

Hackerspace 在中国被叫作"创客空间"。这个概念始于欧洲程序设计师（以前称之为"黑客"）的聚会。在欧洲掀起潮流的 12 年之后，2007 年 8 月，一群北美的黑客到德国参加混沌通信营（Chaos Communication Camp）。他们在当地燃起在美国设立同类场所的雄心，于是就在回到美国后创办了 NYC Resistor（2007）、HacDC（2007）和 Noisebridge（2008）等黑客空间。这些地方很快就用来设计及制造应用程序（从他们原本就感兴趣的程序设计起步），顺应自身兴趣做出实体原型，开设教室，发展活动以募集会费，添购使用的工具。目前，Hackerspace 在全球已有 1000 多家创客空间，在中国约有六七家，分布在北京、上海、杭州、深圳等地。

2010 年"创客空间"进入中国，向硬件高手、电子艺术家、设计师、DIY 爱好者和所有喜欢自己动手捣鼓各种东西的人提供了一个开放式社区，鼓励他们根据兴趣共同开发有趣和富有意义的项目，同时还举办包括电子、嵌入式系统、编程和机器人等不同主题的研讨会和培训，并提供运营代理、融资支持和销售平台等运营服务，使项目能够产品化，走进人们的日常生活。

"众创空间"对于创业初期的创业者而言，无疑是一个深受欢迎的产品。但在中国的市场上，一旦有受欢迎的东西出现，就常常会引得众人一哄而起、争相效仿、恶性竞争，最终使其消亡，似乎它们总在经历着一个相似的循环周期：从无到有、从少到多、从弱到强，再从强到弱、从多到少、从有到无。这本是事物发展的客观规律，但我们的许多投资者常常有意无意地加速了这个过程，甚至为此花费了几倍的成本或代价。

城市发展，"软肋"在哪？

"音乐是流动的建筑，建筑是凝固的音乐。"应该说，在这些年的城市化、城镇化推进浪潮中，虽然各地都取得了突飞猛进的发展，但"拆老城、建新城"，开发区、新区建设一哄而起的现象也屡见不鲜，"重建设、轻管理"给未来的城市发展埋下了"定时炸弹"，城市发展的软肋随着城市化的推进正逐渐显露出来。

软肋之一，是顶层设计的缺憾。对于一个城市而言，楼宇不是越高越好，也不是越多越好。这些年之所以各地都在发展楼宇经济，就是因为前些年的楼宇建得太多、体量太大，有些甚至已经远远超出了城市的"负荷"。楼宇经济发展不是要建造高楼大厦，更不是鼓励建设摩天大楼，而是要引入产业以消化现有的库存，从而让现有楼宇更好地发挥效益。固然，楼宇经济效益的取得，涉及产业、管理、运营、服务、配套等方方面面，但不做好顶层设计或设计留有缺陷，整个利益链就容易出现紊乱。

软肋之二，是精细管理的缺乏。现代化城市要有现代管理手段，也要有现代的管理策略。当前，许多城市采用大数据、物联网、网格化、二维码、卫星技术进行城市的精细化管理，提高科技在城市管理中的作用，这也是一种智慧城市的理念。但城市是人的城市。精细化管理最终要落实到"以人为本"上，要准确把握人的需求，把握人们对美好生活的向往。因此，要让城市的物业管理、配套服务围绕人的需求展开，让城市为人服务，而不是让人为城市服务。遗憾的是，许多城市在这方面存在主客体错位、本末倒置的现象。

软肋之三，是"历史文脉"的缺失。一座城市就是一幢放大了的建筑，而建筑承载了一座城市文明的历史。在城镇化推进过程中，许多城市在"重新城、轻老城""拆真古迹、建假古董"中抹去了自己的历史文化，在照搬照抄中失去了自己的特色风貌，贪大、媚洋、求怪、攀比现象比比皆是。许多时候，正是对城市历史文化的忽视，才有了一哄而上的"造城运动"，留下了"千城一面"的尴尬；正是对城市建设规律的无知，才有了对传统的肆意破坏，才会做出割断历史文脉的错事；正是对城市文化保护价值的后知后觉，才有了老建筑拆掉又复建的反转。如何让情感记忆穿越历史，成为城市的魂？如何让今天的城市风貌，给岁月以文明？这些应该引起城市建设者们深深的思考。

◀ 2016 年 4 月 28 日,与出席第二届中国楼宇经济峰会的副区长以上领导交流。

▶ 2016 年 4 月 28 日,在郑州召开的第二届中国楼宇经济峰会上,为"2015 中国楼宇经济创新奖"获奖城区颁奖。

◀ 2016 年 11 月 6 日,在中国城市学年会上,与中国人民大学公共管理学院副院长、长江学者严金明交流。

▶ 2016年12月8日,
与长沙市副市长邱继
兴(候选)、上海月星集
团副总裁丁佐勇等出
席会议。

◀ 2017年5月12
日,与出席第三届
中国楼宇经济峰
会的副区长以上领
导合影。

▶ 2018年11月8
日,与长沙开福区委
书记沈裕谋、区长刘
拥兵等出席楼宇经
济招商会。

08

品质、品牌、品位：
楼宇经济的下一个"风口"

从"地产产业时代"迈向"产业地产时代"，不仅仅是文字顺序的变化。

——夏效鸿

　　风口，是一个地理名词，即山岭顶部的凹口。与祖父苏易简、弟苏舜钦并称为"铜山三苏"的北宋初期文学家、书法家苏舜元，曾有"日腹昏盲怅，风口呜呜咿"的诗句，"风口"一词是否源于此诗尚待考证。不过，前段时间有句很有意思的流行语，叫"站在风口上，猪也可以飞起来"。毫无疑问，处于风口之上、潮流之巅，更容易借势，让在风口中出现的各种技术、工具、方法成为推动发展的动力。

　　可以说，高质量发展新时代就是楼宇经济的下一个"风口"。那谁会是下一只飞起来的"猪"？该如何拥抱下一个"风口"？这个问题虽然回答起来有些吃力，但可以肯定地说，站在楼宇经济下一个"风口"的不再会是建楼卖楼的地产商，也不会是赚取差价的"二房东"，而是城市设计理念下楼宇品质、品牌、品位的塑造者与践行者。毫无疑问，品质、品牌、品位将成为楼宇经济2.0时代的鲜明坐标。

品牌意识：制造业绕不过的"坎"

在制造业领域，抄袭或者模仿别人仿佛是司空见惯的事。美国制造业在建国后的很长一段时期内都在抄袭英国，直到1920年，美国才开始出现迪士尼、麦当劳等一大批具有美国文化标志的品牌。日本在1940—1970年主要抄袭美国，当年made in Japan是廉价品的代名词。1970年日本开始关心要如何为消费者服务，从而结束了对美国的抄袭。

为何号称"世界工厂"的中国制造业没有多少"叫得响"的民族品牌？当然这个题目有点大，回答起来也绝不是三言两语就能讲清楚。但我们不妨换个视角去思考，或许能找到答案。中国经历了很长一段时间的商品短缺，由于物品的供不应求，产品只要生产出来就不愁卖不出去。囿于低下的消费水平，更多的人在消费理念上崇尚"价廉物美"，那时的制造业并不看重品牌，只求规模生产，拼命扩大市场，甚至打"价格战"以占领更多的市场。温州的打火机、皮鞋就是很好的例证。为了获得价格上的优势，企业主甚至打偷工减料、贴牌生产的主意。这种靠价格优势的规模经营，在"需求侧"旺盛的年代让企业主赚了个盆满钵满，这也就是当年一些乡镇企业能在国有企业几乎垄断市场的夹缝中异军突起的主要原因。

因为机制灵活、"船小好调头"，一时间，小家电、小水泥、小化工、小电子、小轮窑等"五小"制造企业遍地开花，国有企业竞争不过它们，纷纷败下阵来。这从温州的打火机、嘉兴的袜业、海宁的皮革等产业可以看出来。但靠价格取胜的规模生产最终还是害了这些企业。20年前，在人们月薪500元的时候，一个打火机的市场价格是1元；现在月薪5000元了，一个打火机的市场价格还是1元，差不多的价格、差不多的款式，几十年来几乎没有大的变化。产品没有创新，价格自然上不去。

在低端产品大量过剩的年代，产品生产已悄悄从"需求侧"转向"供给侧"，这就让消费者有了挑选的机会和余地，市场也由"卖方市场"转为"买方市场"，除了价格，人们更多考虑的是产品质量和品牌。这在某种程度上给了国内制造业沉重一击，等许多企业醒过神来的时候，已经来不及了，高端商品市场已经被别人占领了，有些品牌被人抢注了，品牌成为制约这些低端制造业的瓶颈和做大做强的天花板。市场的不景气，加上生产成本的上升，大大挤压了低端制造业的生存空间，于是企业严重不景气甚至纷纷倒闭也就在情理之中了。过去的那张"旧船票"再也登不上如今的"新客船"。

与国内企业不一样，欧美、日韩企业总在以"工匠精神"铸造着企业的品牌，这也许就是它们拥有那么多的国际品牌的原因之一。反观我们，许多"百年老店""百年品牌"反而萎缩或消失了，许多是栽在了规模扩张、产业链拉得过长的老路上，最终不得不退出市场。

当今，企业的竞争已进入3.0时代，从最早的企业内部能力竞争的1.0时代，发展到供应链能力竞争的2.0时代，进而发展到如今的生态系统能力竞争的3.0时代，也就是能否围绕企业打造对消费者便利的商业生态。"一年企业靠产品，十年企业靠销售，百年企业靠文化"，是许多企业发展经验的总结。过去制造业追求的是规模化、标准化生产，未来的制造业讲求的将是个性化、定制化生产。如果企业都如快速生长的白杨树，长得快却质地疏松，那终究成不了大器。俗话说，"起家犹如针挑土"，做企业也要"慢工"才能"出细活"。

共享经济：从"所有权"到"使用权"的蜕变

工业革命以来的近300年，因为资本家占有了工厂、设备、工人、商铺、土地等生产资料，因此就有了剥削工人的物质基础。但到了互联网时代，这些大工业时代不可复制的资本被替代，企业资产由以前的"重资产"变为"轻资产"，人们从以前在意物品的占有权、争夺物品的所有权，而转向注重物品的使用权。

因为"共享经济"正在到来，人们开始分享共有的甚至原先是属于自己的资源，从物品到空间，从信息到人脉，从知识到技能……分享或共享逐渐成为一种社会发展的新趋势，成为新时代城市生活的风向标。在这样的氛围下，一件物品究竟属于谁并不重要，重要的是每个人都可以使用它；一个信息是谁带来的并不重要，重要的是大家都能获知；一个空间的主人是谁并不重要，重要的是大家都能在这个空间里活动。"滴滴"网约车、免费公共自行车、摩拜单车、共享空间、联合办公等，都是共享时代的典型案例。

"共享经济"一词，由美国得克萨斯州立大学社会学教授马科斯·费尔逊和伊利诺伊大学社会学教授琼·斯潘思于1978年发表的论文《群落结构和协同消费：基于日常生活方式》中首次提出。美国的《时代周刊》甚至将"共享经济"称为"未来改变世界的十大思想之一"。著名未来学家、经济学家杰里米·里夫金预言,"共享经济"会在21世纪下半叶成为人类社会主导的经济形态。其实,"共享"是人类的天性,自古有之。远古时代,人类一起狩猎,然后分享各自的食物和其他资源,就是一种很原始的共享行为。我觉得,这应该是人类最早的共享理念。

多年前,我就思考过这个问题。假如你生活在杭州,尽管杭州有西湖等美丽的山水资源、有省会城市丰富的人脉资源、有浙江大学等优质的教育资源,但是你不可能每天都去西湖,也不可能拥有那么多的人脉,去一流名校读书的人依然是极少数。假如你生活在北京,北京有许多著名高校,但你的子女未必能考上这些高校。假如你生活在上海,上海有许多的商机,但你若不是商人,商机也不会属于你。因此,看似你已经是这个城市的一分子了,但实际上,这个城市的"大蛋糕"你却占不了多少份额。当然,这是"占有权"的思维。随着"共享经济"的兴起,你生活在哪儿其实已并不重要,重要的是看你在那个城市能占有、支配、使用多少资源。你可以换个角度,用共享的思维去思考问题。

几年前,有篇关于农民工的文章,写得挺心酸,其中有句话大意是"我建造了那么多的高楼大厦,却没有一间属于我,只能行走在城市的边缘"。歌曲《我不丑也不坏》里的一句歌词也挺感人,"城市里满是高楼大厦,却没有自己的家"。这就是一种典型的所有权思维。的确,许多时候我们对许多资源不仅没有所有权,甚至连使用权都没有。而中国人脑海中最根深蒂固的还是所有权思维,也最看重所有权,这与欧美发达国家不太一样。比如在购房一事上,欧美国家的人们能接受租房,中国人却千方百计要买个属于自己的房,房产证上要有自己的名字。我觉得我们的国人是"穷怕了",以致缺少安全感。在物资匮乏的年代或资源供不应求的情况下,很多人都会有"占坑"思维,不管自己用不用得上，先占着。这就是中国随处可见排长队和抢购的场景的原因。抢车位、抢车道、抢物资……都是所有权、占有权的思维在作祟。这种"独享经济"建立在资源稀缺的基础上。传统经济时代是独享、独占时代，培养出了一批精致的利己主义者，讲求既要"为我所有"，又要"为我所用"，甚至"不求所用，但求所有"。而"占坑"思维和"共享"思维是背道而驰的两种思维，如果人人都想着"占坑"，最终就会因为"占坑"而失去"共享"的便利。

有人这么形容不同社会中的人与人之间的关系：在原始社会，因为人们手中各自有自己的物品，所以人与人之间是一种交换关系；在封建社会，因为地主掌握了土地资源，所以人与人之间是一种剥削关系；在资本主义社会，因为资本家掌握了资本、厂房，所以人与人之间是一种雇佣关系；而在未来，因为人们各自拥有自己的资源、技术、知识，所以人与人之间会变成协作关系。空间、技术、艺术、知识、信息、人脉……这些本该是一个个分散的个体所拥有的东西，在共享经济思维下，未来都将成为可以共享的东西，从而使每个人都可以享受到许许多多你本没有的东西。到那时，偷、抢现象会大大减少甚至消失，因为不管某件物品的所有权属于谁，你都可以以某种方式去共享它。萧伯纳曾经说过："如果你有一个苹果，我有一个苹果，彼此交换，我们每个人仍然只有一个苹果；如果你有一种思想，我有一种思想，彼此交换，我们每个人就有了两种思想，甚至多于两种思想。"这就是一种典型的共享思维。

由此可见，共享经济会是未来发展的新"风口"。它的核心是"不求所有，但求所用"。无处不在的分享，也意味着无处不在的商机。正如现在一些年轻人谈恋爱一样，不在乎天长地久，只在乎曾经拥有。当然，共享经济的形成与发展需要参与其中的人们形成一种契约精神、一种共享文明、一种规则约束。因此，从这个意义上说，共享经济发展的过程，也是生产者、经营者、消费者共同努力的过程。

与未来的楼宇经济来一场"约会"

现代管理学之父彼得·德鲁克曾说过："没有人能够左右变化，唯有走在变化之前。"20世纪70年代，美国气象学家洛伦兹曾表示：亚马孙雨林一只蝴蝶偶尔振动翅膀，也许就会引起美国得克萨斯州的一场龙卷风。从商业角度看，许多时候企业无法直接一步解决所谓的"大问题"，只能从一个"点"切入，抓住社会或行业痛点集中发力，才有可能成功。因此，我们有理由去期待，当一幢幢楼宇实现提质升级后，楼宇经济将会迎来怎样的"下一个10年"。

要顺应"个性办公"新潮流。在人们的需求日益个性化的今天，不同的行业、不同的企业、不同的人群对办公楼宇的需求是不一样的，从空间到时间、从区位到环境、从配套到服务……正是这些需求的个性化，促使商务办公载体从以前单一的纯商务楼宇迈向商务楼、改造后的旧厂房、酒店式公寓、"联合办公"等多种空间形式并存。因此，无论是楼宇的建设，还是楼宇的管理，乃至楼宇的服务，都没有甚至不可能以某一个统一的标准去衡量，从而呈现楼宇建设、管理、服务的"非标化"趋势。

要善用"共享空间"新模式。美国《连线》杂志创始主编凯文·凯利在《必然》一书中告诉我们："将从未被共享过的东西进行共享或者以一种新的方式来共享，是事物增值最可靠的方式，未来30年最大的财富就会出现在这一领域。"自2015年"联合办公"在国内开始兴起，除了国外的WeWork、雷格斯、世服宏图，北京、上海、深圳、广州等城市相继涌现出优客工场、SOHO 3Q、无界空间等国内品牌的"共享空间"，激发了人们的分享精神和创新思维。共享空间也是一种共享经济理念。要鼓励"联合办公""虚拟办公""柔性办公"，适当扩大"商务办公钟点房""虚拟办公室"等产品的供给，以满足企业短时会客、商务谈判、企业形象展示等个性化需求。

要关注"体验经济"新需求。发达国家的经验和数据表明，一国或地区的消费结构随着经济水平的高低依次递延，当人均GDP超过1000美元时，居民在服装衣着方面的消费会加速增长，并颠覆原有的纯功能性消费理念，更加注重品牌体验；当人均GDP达到或超过4000美元时，休闲、娱乐、体验、旅游观光和生态文化等需求将急剧增长；当人均GDP超过8000美元时，体验式消费将位居主流。正因为人们对生活关注的重点已从简单的生理满足转向情感价值的追求，才使如何最大限度地挖掘感情的愉悦成为创造新生活模式的关键。因此，可以从空间、业态、比例、规模、审美等不同角度聚集商业，形成商业、商务、旅游、文化功能联动的情景式、主题式、个性化消费新模式，满足消费者"一站式"购物、体验需求。

贴心服务，永远在路上

"城，所以盛民也；民，乃城之本也。"党的十九大报告中提出的"以人民为中心"理念，正是契合了新的时代背景。高质量发展，归根结底是要提升人的归属感、获得感、满足感。

对于一个城市而言，亦是如此。人是城市发展的主体，是城市的灵魂，也是城市运行与管理的基本内容。城市现代化的本质是人的现代化，城市现代化必须以人为核心。

国际经验表明，人的现代化一旦被忽视，就可能带来危害和祸患。早在20世纪初，德国哲学家海德格尔就提出了"人要诗意地栖居在大地上"的命题。一座城市的美好，不仅需要物质的不断进步，更需要精神与文化财富的同步增长；走进网络时代的大众，不仅渴求衣食的无忧、住行的便捷，更期待心灵的滋润和精神的富足。美国未来学家阿尔文·托夫勒在《第三次浪潮》一书中提出："在信息化时代，社会进步将不再以技术和物质生活标准来衡量，而是以丰富多彩的文化来衡量，信息化社会鼓励人的个性化发展。"

从城市与历史文化的关系来看，城市应成为文化传承发展的平台和人们有归属感、自豪感的栖息地，尊重历史传承，促进社会进步，让城市魅力不断增值。因此，楼宇经济发展要始终贯彻"以人为本"理念，通过有效的服务和管理，激发所有"楼中人"为城市发展贡献活力与智慧。

"好马配好鞍。"楼宇经济发展的关键在于楼宇的运营和管理，这自然离不开楼宇运营商和物业管理商。现实生活中，许多城市并没有多少专业的楼宇运营商在运营楼宇，而是由物业管理企业承担着楼宇的招商、运营、管理、服务职能。因为运营楼宇是近几年才提出的概念，许多人还没有这个意识。在我所考察过的近千幢楼宇中，不乏产权单位抱着"肥水不流外人田"的心理，安排几个人员或组建一个物业部对楼宇物业进行管理的情况。不专业的管理、"守土"的理念导致其管理水平相对较低，从而形成租金收不上、服务跟不上的恶性循环。

事实上，楼宇的品质很大程度上取决于楼宇的物业管理水平。物业管理企业资质等级分为一、二、三级。国务院建设主管部门、省（自治区）人民政府房地产主管部门分别负责一、二级物业管理企业资质证书的颁发和管理，直辖市人民政府房地产主管部门负责二级和三级物业管理企业资质的颁发和管理，设区的市的人民政府房地产主管部门负责三级物业管理企业资质证书的颁发和管理。2017年1月，《国务院关于第三批取消中央指定地方实施行政许可事项的决定》中"取消物业服务企业二级及以下资质认定"。这一定程度上可以理解为政府在为企业"松绑"，是在为物业管理的"非标准化"开绿灯。

目前，楼宇物业管理中最知名的是"世界五大行"，即第一太平戴维斯、仲量联行、世邦魏理仕、戴德梁行、高力国际，国内市场上的许多高端商务楼宇的物业大多由其直接或间接管理。所谓间接管理，是指楼宇业主购买"世界五大行"的顾问服务，由其输出物业服务标准、派遣物业管理顾问，企业组建自己的物业管理人员队伍，根据其物业管理标准对楼宇进行管理，按楼宇建筑体量支付顾问服务费用。五大行真正专业的是它们的物业管理能力。但"五大行"面对各地楼宇经济的"大蛋糕"，似乎也不再满足于原先的物业管理，而是替政府做起了楼宇经济规划，其实它们并不擅长产业规划，但在有些官员脑海中，它们是"世界500强"。由于国内的楼宇物业管理企业大都是从住宅物业管理企业过渡而来的，在商务楼宇的管理理念、管理能力、管理水平上，目前还难以与"世界五大行"相媲美。当然，随着楼宇经济的快速发展，这一现状正在得到改变，本土企业正在崛起。

从全国层面的楼宇管理状况看，当前依然有许多楼宇的物业管理停留在"看门、扫地、防小偷"的低端、原始、大众化的服务上，难以满足高端商务楼宇对设施、环境的高标准和管理服务的高水平需求。但近年来，随着楼宇经济的发展，这种状况正在逐渐改变，许多物业管理企业正在由住宅物业管理转向商务楼宇物业管理。"到中流击水，浪遏飞舟。"不到楼宇经济发展大潮中去搏一搏，管理理念、管理能力、管理水平就难得到进一步提升。

可喜的是，随着入驻客户需求的个性化、多样化发展，许多物管企业推出了个性化的特色服务，从而使物业管理逐渐向"贴身服务""贴心服务"转变，有些楼宇甚至打出了"酒店式服务""管家式服务"的

招牌，让人耳目一新、充满期待。

楼宇经济："慢工出细活"

"工匠精神"是一个最近被频繁提及的词语。从本质上讲，"工匠精神"是一种职业精神，它是职业道德、职业能力、职业品质的体现，是从业者的价值取向和行为表现。"工匠精神"作为一种优秀的职业道德文化，它的传承和发展契合了时代发展的需要，具有重要的时代价值与广泛的社会意义。

经过改革开放40多年的发展，原先依靠规模扩张的老路已经越走越窄，"跑马圈地"的喧嚣之后需要的是精耕细作。我想，这也是为什么实体经济要倡导回归"工匠精神"、回归到产品本身的现实意义吧。这些年，许多企业玩"互联网金融"、玩"虚拟经济"，吃尽了苦头，终究还是要回到现实中来。

李克强总理在2016年的《政府工作报告》中指出，"要鼓励企业开展个性化定制、柔性化生产，培育精益求精的工匠精神"。"中国智造""中国创造""中国精造"，如今已成为决策层的共识，而要实现这些，"工匠精神"就显得尤为宝贵。

"工匠精神"，说到底，是一种坚持的力量。毫不夸张地说，在过去几十年的粗放式发展中，许多实体企业都或多或少地体会到了"欲速则不达"的滋味。可一个不争的事实是，在市场上，凡是近几年谋求扩张的企业大都铩羽而归，反倒是慢下来回归产品的企业开始赢得市场。正如老子所说："天下大事，必作于细。"能基业长青的企业，无一不是坚持精益求精才获得成功的。瑞士手表得以誉满天下、畅销世界、成为经典，靠的就是制表匠们对每一个零件、每一道工序、每一块手表都精心打磨、专心雕琢的精益精神。

"慢工出细活。"楼宇经济发展也要倡导"工匠精神"，将开放、创造、创新的现代思维与精致、专注、敬业的"工匠精神"相融合，摒弃"萝卜快了不洗泥"、做"差不多先生"的心态，在楼宇建设的精雕细刻、楼宇物业的精益管理、楼宇配套的力求完美上下功夫。

"店小二"思维其实是一种"用户思维"

"店小二"，是指古时候驿站、茶馆、酒肆、旅店等处负责侍应的人，属于一种友好的尊称。近年来，许多地方政府机关干部都把自己描绘成服务企业的"店小二"，倡导"店小二精神"，有的甚至还把"店小二""金牌招商员"等字样印上了机关干部的名片。

身为政府官员，能在客商面前把姿态放低，体现出重商、亲商、安商、护商的理念，无疑是一种可喜的进步。倡导"店小二"精神，就是倡导一种热情主动、细致细心、勤勉踏实的服务精神。毕竟，城市竞争归根结底还是人的竞争。人好、服务好、环境好，才是制胜的"王道"。

城市现代化的本质是人的现代化，城市现代化必须以人为核心。这似乎已成为人们的"共识"。国际经验表明，人的现代化一旦被忽视，就可能带来危害和祸患。

随着"工业4.0"概念的推广，传统工业系统支配下的德国社会已达成共识：真正的互联网精神，不应该是IT和互联网界人士强加给社会普通人士的投机诱饵，而应该是互联网工具化后的全景渗透和数字经济引导。因此，"互联网＋"的"＋"，不仅仅是技术上的"＋"，也是思维、理念、模式上的"＋"。互联网思维中最根本的价值是"用户思维"，强调关注人的"看得见的需求"和"看不见的人性"。只有不断满足客户的深层次需求，解决客户痛点，增强客户体验，才能在未来的竞争中占据一席之地。近年来出现的You＋公寓和WeWork联合办公产品之所以能得到客户的认可，成为各自细分领域的佼佼者，就是佐证。

某种角度上说，"店小二思维"就是一种"用户思维"，需要你站在用户的角度思考问题、提供服务。而楼宇经济发展的重点在于服务，楼宇品质、品牌、品位的塑造关键也在服务。要让企业在"店小二"精神中感受到良好的营商环境，不光要政府审批制度改革，更要有软环境营造、服务功能的强化。一直以来，为了准确表述政府在经济社会发展中的作用，人们采用过很多的比喻，比如"守夜人""店小二""瞭望者"等，但细究起来，都有其积极的一面，也有其不足的一面。

其实，塑造一个有为政府、有效政府，只需做好三件事：一个是讲诚信，一个是造环境，一个是搞服务。政府讲诚信了，整个环境好了，政府服务跟上了，经济社会发展自然会好。对整个楼宇经济而言，每一个楼宇企业都是"店小二"，市场需要什么，企业就要提供什么样的产品和服务；对楼宇企业而言，政府和服务商就是"店小二"，企业需要什么，政府和服务商就要提供什么样的服务和支持。

俗话说，"人人为我，我为人人"。楼宇经济发展中人人都是"店小二"。要让"店小二"精神成为一种政府行为、成为一种城市精神，让周到服务、充满活力的良好氛围与每个人的工作生活紧密融合，成为我们的"本能反应"。当然，我们强调"店小二精神"，并非片面强调重商、亲商的公共服务而不敢进行合法的监管。

管家式服务："旧船票"能否登上"新客船"？

"管家"职业起源于法国，而老派的英国宫廷将管家的职业理念和职责范围按照宫廷礼仪进行了严格的规范，成为行业标准，"英式管家"也成为家政服务的经典，私人管家概念也由此而来。

在"英式管家"享誉世界的初期，只有世袭贵族和有爵位的名门才能享受。多年来，管家服务从先前的家庭式管家，演变为近代的酒店式管家服务，再到现代的社会机构式的综合管家服务。

近年来，许多楼宇运营商、物业管理公司提出在楼宇的物业管理上倡导"酒店式管理""管家式服务"，以管理的规范促进楼宇品质的提升。

"管家式服务"，是管家为主人所提供的服务。"管家式服务"不仅仅是一种服务理念，更应成为一种服务模式与服务方法，概念性的东西并不可能给客人带来实质性的好处，但要成就品牌服务，必然要让人打心底里喜欢并接受。

有关数据显示，2018年，全国在A股和港股上市的近500家房地产公司中，有135家上市公司的大股东卖掉了股份，大批房地产公司改名，甚至在主营业务中拿掉了"房地产"一项。[1]许多物业管理公司也从之前的住宅地产物业管理，转到了商业地产、商务地产的物业管理上。而商务楼宇服务所针对的客户群与住宅地产、商业地产不同，大多都是该产业领域的一些特定客户群体，因此商务楼宇服务需要有比住宅

---

[1] 冯仑：《冯仑：在房地产大变局中寻找出路》，企业观察网，2019年1月27日，http://www.cneo.com.cn/article-120013-1.html。

和商业开发商更广泛的资源整合能力。这对于楼宇运营商和物业管理企业来说，应该是个新的考验，也会是一个新的发展空间。住宅物管的"旧船票"能否登上楼宇物管的"新客船"？我们都拭目以待。

有机更新：楼宇经济的"下半场"

"不是每个城镇都要长成巨人。"①的确，如果说"上一程"的城市化是比哪个城市摊得大、地标性楼宇建得多，那么"下一程"就要比这些大大小小、高高低低的楼宇里集聚了多少产业、创造了多少效益、办公人群有什么样的生活质量、有没有活跃的经济文化技术活动等。毕竟"城市"是由"城"和"市"构成的，有"城"无"市"或有"市"无"城"，都不能谓之"城市"。城市发展要有产业作支撑，才能防止"空心化"；产业发展要以城市为依托，才能防止"孤岛化"。

当前，我国的城市化进程正遭遇瓶颈，楼宇经济也面临拐点期，迫切需要转型发展。楼宇经济发展过程中，常常面临老城区、新城区、既有老城区又有新城区的城区如何分类施策的问题。新城区楼宇硬件条件不错，但大多交通等设施配套跟不上；老城区设施配套好一些，但大多面临楼宇老化、车位不足、交通堵塞等问题。因此，新城区、老城区的楼宇经济发展肯定得有不同的思路和措施。

随着城市化的推进和工业的升级换代，几乎每个城市都面临着城区工厂外迁、原址重新定位的问题。工厂外迁不仅容易导致产业的空心化，还容易导致"城市记忆"的流失。如何利用好被视为城市化进程中

---

① 出自 2013 年 12 月 31 日召开的中央城镇化工作会议。

"碍眼屏障"的旧厂房、旧车间等工业遗存？这也是我们多年前就提出的楼宇经济发展与工业遗产保护利用的问题。2019年6月12日至13日召开的"第五届中国楼宇经济峰会"，就是围绕这个主题展开研讨交流的。在这方面，上海黄浦区、北京朝阳区、南京秦淮区、杭州拱墅区、重庆渝中区、广州越秀区、宁波海曙区等，都有着丰富的实践经验。它们通过"退二进三"将传统制造业逐步迁出中心城区，就地进行资源重组、结构调整，有的改造成了文化创意园区，有的改造成了艺术街区，有的改造成了金融街区……从而形成了一幢幢集办公、生产、加工于一体的都市型工业楼宇。最典型的案例有上海的8号桥、北京的798艺术街区、南京的1865创意产业园、杭州的LOFT 49等。

如果把楼宇经济发展比作一场球赛，那么，楼宇建设可以看作是球赛的"上半场"，有机更新则是其"下半场"。当然，这里所说的有机更新，一定程度上带有城市运营的味道。当前，商务楼宇已经由"增量时代"转变为"存量时代"，城市转型的动力、消费升级的引力、存量盘活的压力，成为驱动城市有机更新的三支力量。许多城市面临新城区大量新建楼宇需要盘活、老城区许多老楼宇需要更新的"双重压力"。这边的新楼宇招商还没完成，那边的老楼宇又在等着更新了。

很显然，有机更新是推动商业布局、商务布局和城市变革的重要动力。城市更新不是简单的拆了重建，而是要与老城区的文化、历史有机结合起来，让它在新时代发挥新的作用。旧建筑是城市的基因，承载着一个城市的历史文脉，只有充分尊重过去才会有成功的"更新"。所以，对于一个老城区楼宇的更新改造而言，因为许多东西都已经是固有的了，许多时候可能需要以"修旧如旧"为主，"螺蛳壳里做道场"必须十分注重生产空间集约、生活空间宜居、生态空间秀美，寻找利于楼宇经济融合发展的新路径，做到生产、生活、生态的有效契合。在这方面，重庆渝中区、广州越秀区、宁波海曙区有很多值得学习的经验。如何搞好楼宇的有机更新？途径可以有许多种，但其中不可或缺的要素至少有三个，那就是必须要在其中植入体验、场景、情怀等要素。

首先，要注重区域功能的融合与提升。要树立现代服务业集聚区、城市综合功能区、城市综合体理念，将适当的商业、休闲、旅游、体育、文化、教育、医疗等配套设施引进楼宇、街区、园区，混合布设商务区、商业区、休闲区等，使生产、生活、生态融为一体，为楼宇中的"上班族"提供丰富、便利的生活条件。

其次，要注重公共空间的挖掘和整合。通过对街巷空间的打通、边角空间再利用、内部空间公共化、道路空间再分配等，为街区的消费、休闲活动提供尽可能多的公共空间载体。结合古建筑、工业遗存等所形成的文化休闲广场和历史保护建筑群进行空间整治、生态绿化，营造休闲的空间和氛围。北京、重庆等地在楼宇地下空间利用方面积累了许多值得学习的宝贵经验。

最后，要注重公共交通的导引和优化。优化公交线路、公交站点的设计，便利楼宇周边的交通。通过实行线路优化、错时上下班、分时导引等措施，疏通楼宇周边机动车交通、慢行交通，缓解上下班高峰期楼宇周边的短时交通压力，避免影响公共空间品质。

特色街区：楼宇经济的"后花园"

建筑，是美的表达。在英国人的价值观里，建筑、音乐和文学是同等重要的艺术载体。而在中国，快速推进的城市化、城镇化进程，使大大小小城市的传统建筑之间，往往混杂着许多新式的建筑，或独立成楼，或混为一体。新旧建筑混杂，往往显得有些不伦不类。当然，也许在艺术家眼中，古典美与现代美的相映成趣，也不失为一种风景。

如果你穿行在各个城市的大街小巷，你就会发现，几乎每个城市都有特色街区：或是古风古韵的老街，或是熙熙攘攘的商业街，或是优雅娴静的休闲街，或是灯红酒绿的小吃街……

每到一个城市，我都习惯去逛逛当地的特色街区。因为散落在街头巷尾的巴掌大的小店是最能反映本地人生活的地方。它们就像是钢筋丛林中不经意闪现的花草，虽不起眼但绝不随波逐流，用最民间的方式勾勒出一幅生动而充满个性的街头图景。透过这些街区，你可以了解这座城市的历史、人文、景观、风格、产业，如果更深入一点去了解，你还可以看到这座城市的繁华程度和文明程度。

特色街区是未来城市发展的又一潜在优势。特色街区重在"特"上，它营造的是一种城市氛围、一种城市文化、一种城市个性。什么是"特"？"人无我有"是"特"、"人有我优"是"特"、"人优我特"是"特"。

"越是民族性的，越具有世界性。"如同北京的王府井、上海的南京路、杭州的河坊街、重庆的磁器口、成都的宽窄巷子、扬州的东关街……它们或幽静或喧闹，或动感或时尚，或浪漫或典雅，自然禀赋中浸透着闲适文化，古老文化中飘逸着现代气息，这些特色街区代表的是一座城市的时尚、温度和文化。但特色街大多是步行街，普遍不会很长，一般保持在800米左右为宜，因为通常情况下，人们逛街所能接受的最长距离大约在1500米左右，尤其是女性穿着高跟鞋时。所以，特色街区的设计也有许多需要人性化考量的细节，千万不能为了特色而"特色"，而要有自己的"个性"。

就楼宇经济而言，这些年来，融合发展的理念逐渐被人们所接受，并被不同程度地践行着。在这样的理念引导下，一幢幢楼宇逐渐向特色街区、专业市场、特色园区集聚，从而形成一种载体融合。而载体融合所带来的氛围和气息，又为楼宇经济发展提供了要素服务和产业支撑。这样"特色园区＋楼宇""专业市场＋楼宇""产业园区＋楼宇"的融合发展模式，构筑起了城市一道道靓丽的风景线，使一条条特色街区成为楼宇中办公的白领们闲暇时的"后花园"、休闲的好去处。

商务花园：楼宇经济的"豪华版"

城市发展要顺应生态循环的规律，绝不能以消耗生态环境为代价。这是大会小会上领导们逢会必讲的内容，但事实上却常常难以做到。许多时候，仿佛非得经受过折磨或经历过大自然的惩罚之后，人们才会幡然醒悟，真正对其重视起来。过去一直被人们不在意甚至漠视的生态环境，在辗转反复中又被重视起来，人们终究没有走出"先污染后治理"的怪圈。只是这次的拾起所花的代价比当初的漠视要大得多。

楼宇经济发展同样要符合生态规律，注重自然生态的保护和延续，适度挖掘生态资源的潜力，把一幢幢楼宇打造成自然生态与人文环境的结合体、现代都市与田园乡村的融合体、历史文化与现代文明的交汇体，从而实现发展与环境的共生、共融、共促。

"商务花园"是一个综合与人性化的产物，通常坐落在城市边缘，其园区内为规划有序的工作室或厂房的有机组合，是提高生活质量，并以优美的绿色园林景观激发工作人员灵感的地方。随着国内房地产业与世界不断接轨，商务花园的建筑艺术愈加中西融合，建筑形式也愈加多样化，人们更加崇尚优美办公环境的营造。近几年来，北京、上海、天津等地结合山水等自然景观美化企业办公环境，着力打造临山、临水区域的低密度、低容积率、独栋、个性风格、花园式生态环境的商务花园、商务别墅，量身定制适合总部企业、外资企业办公需求的个性空间、私密环境。

北京中关村、天津滨海新区、昆山中茵国际商务花园、上海愚槐商务花园等，都是商务花园的典型代表。拥有丰富山水资源和优美环境的城区，可以借鉴它们的发展经验，打造生产、生活、生态型的商务花园，从而营造良好的环境。2014年，我们在帮助成都温江区制订《温江区楼宇经济发展第十三个五年规划》时，针对温江地处国家级生态示范区核心位置，拥有约17.6%的森林覆盖率、约42%的绿化覆盖率的优美生态环境，有总建筑面积706.79万平方米、商务面积208.02万平方米的已建、在建、拟建商务楼宇，提出通过建设"中央商务花园""创智商务花园""健康商务花园""文创商务花园""文博商务花园"五大花园，打造"城在园中、园在城中""楼在园中、园在楼中"的"中国商务花园第一区"的愿景。这也是全国第一个将打造"商务花园"作为远景规划的城区，值得各地效仿。

城市双修：让城市"逆生长"

城市也是需要"美容"的。19世纪时，巴黎、维也纳等欧洲城市就曾出现了对城市中心区进行大幅改造的现象，人们称之为"城市美化运动"。

20世纪早期"城市美化运动"的领导人之一、被尊为"美国现代城市规划之父"的丹尼尔·伯纳姆在其1909年出版的《芝加哥规划》中强调，要通过创造一种社会秩序所必需的物质基础——舒适完善的交通、园林绿地系统、宏大不朽的城市景观面貌，来恢复城市中已失去的视觉和生活的和谐,推动城市的长期繁荣和发展。时至今日,它依然是指导我们多角度思考当前城市总体规划问题的行动纲领。19世纪的美国景观设计大师F.L.奥姆斯特德,也在其《城市景观与文明》中,提出了考虑自然与人文需要进行城市社区建设的设计智慧。近年来,国内城市也相继提出了城市装修、城市修复、有机更新等理念。

针对城市"成长中的烦恼"和发展中的瓶颈,2017年3月10日,住房城乡建设部出台《关于加强生态修复城市修复工作的指导意见》,安排部署在全国全面开展"城市双修"工作。"城市双修",简而言之就是生态修复、城市修补。在"生态修复"方面,涉及生态格局、生态环境、生态景观三个层次;"城市修补",主要是历史文化街区、城中村、旧住宅区、微空间和小城镇等不同城市空间的更新改造。"城市双修"的推进,目的很显然是希望能更好地治理"城市病"、改善人居环境、转变城市发展方式,这不仅能对楼宇经济发展起到积极的促进作用,也为城市的"逆生长"创造了条件。

当下,许多城市总体上都处于楼宇的"存量时代"。在新城区,商务楼宇的快速增长,让越来越多的城市从"增量时代"迈向"存量时代";在老城区,一边是不断增加的新楼宇拔地而起,一边是不断老化的旧楼宇亟须改造,使城市呈现新楼的"增量"与老楼的"存量"并存的情景。因此,城市发展要抛弃"大拆大建"的粗放式增长模式,转向有机更新的"紧凑式"发展,让城市"逆生长"。

第一,以"城市开发边界"的理念促使城市"逆生长"。"城市开发边界"即"城市空间增长边界",是现代城市管理的主要方法之一,意指"被政府所采用并在地图上标示,以区分城市化地区与周边生态开敞空间的重要界限"。城市开发边界通过限制城市向外扩张而将更多资源转入内部发展,提高单位土地的利用率,改善功能分区状况,有效避免交通、住房等资源的浪费。美国俄勒冈州的波特兰市是世界上较早运用

UGB进行城市管理的城市。2015年，上海市首次提出规划建设用地总量实现"负增长"，开启城市"逆生长"阶段，这既符合开发边界管理的精神，又切合当地实际情况，有利于城市的转型发展。

第二，以有机更新的理念促使城市"逆生长"。任何一座城市的独特之处，都在于它的空间有着特定的排列组合、形态和功能，而且这些空间与个体和集体的经验构成交集。城市更新不是追求外部的更新，而是内涵的提升；不是原拆原建、大拆大建，而是让既有项目获得新生、提升功能、增添活力。因此，要积极探索"微更新"、渐进式的有机更新模式，从西医手术式的大拆大建转向中医针灸式的精益调理，以有内涵、高品质、绿建筑促进城市的"逆生长"。

第三，以颜值内涵兼具的理念促使城市"逆生长"。将"城中村"改造、"棚户区"改造、背街小巷整治、旧楼改造、老市场改造、历史街区改造与楼宇的建设、更新结合起来，从地下到地上、从功能到环境，大到楼宇外立面的洗刷，小到广告灯箱的设立，都要更好地传递城市的美好形象、表达城市的浓郁文化，从而提升城市的"颜值"。要挖掘城市文化底蕴，塑造城市文化特色，让城市文化个性化、城市建筑主题化、城市经济品牌化，筑造城市独一无二的形象和品牌。

慢生活：品质生活的"代名词"

在人们的习惯中，西方社会谈论一代人时往往会以20年、30年为时间单位，中国人往往以10年为单位。有人说，社会变革影响了每一代人的性格，"60后"略显世故、"70后"更为务实、"80后"最为疲惫、"90后"稍显轻佻……美国著名城市规划理论家、历史学家刘易斯·芒福德说，在任何时代，城市都代表着一种文明水平，代表着更有价值、更有意义的生活。但城市的快速发展让所有的事物都变得"格式化"，四四方方的房子把每一个在城市中生活的人困在一个格式化的空间里，每个人都在努力地追求财富的充裕和生活的享受。但快节奏的城市生活，在带来物质生活极大丰富的同时，也带来了疲劳感、压抑感等城市生活的弊端。

兴起于1999年、以意大利小城奥尔维耶托为"标杆"的慢城市运动，正渐渐地改变着人们对于快节奏生活的想法。也许你会感觉到，生活节奏太快，人的思维有时会无法拓展，甚至会变得晕头转向。城市发展也一样，不能只有"速度与激情"。我觉得，当下流行的注重场景感、体验感、共享度的"场景革命"，就是市场为了迎合人们"慢生活"需求的一种变革。"慢生活"实质上是一种品质生活。如何才能拥有品质生活？可能需要让当下都市里的快节奏慢下来。因为"人生重要的不是目的地，而是沿途的风景"。

首先，是要让"慢生活"成为一种生活理念。"慢生活"是一种新的生活态度，是一种健康的心态，是一种积极的奋斗，是对人生的高度自信。"慢生活"是让人在工作、生活中找到平衡点。"慢"是"快"的基础，只有习惯了"慢生活"，才能在"快节奏"的城市中准确地找到定位，而不会迷失自己。

其次，是要让"慢生活"成为一种生活态度。城市"慢生活"的兴起，追求"慢生活"群体的不断扩大，是物极必反原则下的一种必然，符合社会发展的客观规律。当今，越来越多的楼宇白领崇尚"慢生活"理念，践行"慢生活"方式，也充分证明正是眼下快节奏、高压力的生活，促使他们对生活和生存状态进行反思，进而自然而然地选了"慢生活"。

再次，是要让"慢生活"成为一种生活方式。以"慢先生"为代表的一群年轻人，不但积极倡导"慢生活"的理念，也在积极实践着"慢生活"的方式。"慢生活"正在从一种生活的态度变成很多人的生活方式。在"快节奏"的城市生活中适当增加"慢生活"，更能掌握发展的节奏，梳理发展的脚步，增加城市的温度，体现人文的关爱。

场景化："人设"也是一种场景

当下，有个很时髦的网络流行词语，叫"人设"，完整的说法叫"人物设定"。"人设"一词，最早是动漫、小说、漫画等"二次元"作品中对虚拟角色的外貌特征、性格特点的塑造。2016年开始常用来形容明星，并衍生出"吃货人设""耿直人设""学霸人设""卖人设""人设崩塌""人设崩了"等各种说法。从这个意义上说，我觉得"人设"也是一种"场景"。

一提起"人设"，许多人可能都会想到名人。其实，"人设"并不是名人的专属，每个人都有多个"人设"，也许这就是人们常说的多重面孔、多重人格吧。

在商业、商务楼宇中，人们往往很注重"场景化"。其实，人是这个时代最大的场景。稍微留意一下不难发现，中国商业消费的主力客群已从"70后""80后"逐渐过渡到了"90后""00后"，随着生活水平、收入水平、知识视野的提高，楼宇中的高端白领们也更懂得健康、更懂得时尚、更懂得情调，"80后""90后""00后"的白领们不再像他们的上一代人那样为了生计而工作，而是为了兴趣而工作，注重在工作中享受生活。尤其是对于许多女性白领而言，财富的多少已不再是生活中要考虑的主要问题，漂亮不漂亮、时尚不时尚、开心不开心才是问题。他们对生活、消费的需求已从原本单纯的吃饭、购物，逐渐转变为生活方式体验型消费。因此，除了对商品丰富度、个性化的需求之外，空间环境的情景化、消费圈层的共鸣度、业态跨界的想象力、商业美学的感染性等，都成为一个商业圈层能否吸引客群的重要因素。

《中国消费趋势报告：三大新兴力量引领消费新经济》[①]指出，未来5年，中国消费市场将有2.3万亿美元的增量，而这个增量中的65%将由"80后""90后""00后"带来。可以说，年轻人拥有的拉动经济的消费能力，堪比未来的"现金奶牛"。更为重要的是，从"50后"到"00后"，消费越来越呈现出体验化、精神化的特征，整个社会的消费理念也从"以物为中心"切换到"以人为中心"。毕竟，商品稀缺的时代一去不复返了，如今个人的时间、注意力等才是稀缺资源。因此，商业空间、商务空间的"场景感""体验感"的营造就显得非常必要。为迎合这部分客群的需求，场景化的商业模式随之诞生，并随着客群的需求在不断升级。日本难波公园"人造峡谷"的设计理念，就是一种"场景制造"理念的精彩呈现。开发商最初的构思是建造一个简单的混凝土通道，用于连接项目的南北地块，但设计师创建了一个峡谷形态的屋顶花园项目，在这个城市中引入了一个大型公园式的项目概念，使这个项目变得不再仅仅是一个商业项目，它很大的公共开放绿地吸引了周边社区的人到这里来光顾、浏览，让这个项目变成了一个目的地项目，人们不仅可以到这里来购物，也可以到这里来休息、放松。

日本难波公园"场景制造"的理念，对于商业、商务空间的运用也有很大的启发价值。如何才能充分地发挥共享空间中物理空间、精神空间的多重效用，满足客户对于Wi-Fi、会议室、茶水吧、健身房等公共

① 波士顿咨询公司（BCG）和阿里研究院：《中国消费趋势报告：三大新兴力量引领消费新经济》，2015年12月21日，http://www.199it.com/archives/420464.html。

产品的共享性需求和前台、休闲区、咖啡厅等公共空间的依赖性需求，使人们越来越多地在多元化的空间内完成工作、交流、协作？这是楼宇运营者们必须认真思考和尽快落实的问题。

生态化办公：楼宇办公新理念

环境是城市赖以生存的基础，也是一种宝贵资源，更是一种核心竞争力。有关资料显示，仅占地表面积3%的建筑物，却产生了50%的全球废弃物，制造了60%～80%的全球温室气体排放。[1]可见，在日益变高、变密的城市，保护环境、生态显得多么重要。

如果说，过去40年，中国城市化的发展模式是"人跟着产业走"，未来的城市化发展路径将会是"产业资本跟着人才走""人才跟着生态环境走"。城市的发展要顺应生态循环的规律，绝不能以消耗生态环境为代价。楼宇经济发展同样要符合生态规律，注重自然生态的保护和延续，适度挖掘生态资源的潜力，把一幢幢楼宇打造成自然生态与人文环境的结合体、现代都市与田园乡村的融合体、历史文化与现代文明的交汇体，从而实现发展与环境的共生、共融、共促。

要树立"精明增长"的理念。注重"留白留绿"，保护文化"基因"，塑造城市精神，避免"千城一面""千楼一面"，把好山、好水、好风光融入城市，通过发掘自然资源禀赋、产业发展特点、民俗文化传承等特色，推进生态产业化、产业生态化，实现生产空间集约高效、生

---

① 郑新钰：《深圳低碳寻觅那一抹醉人蓝》，《中国城市报》2018年9月21日，http://www.zgcsb.org.cn/benbao/jiandu/2018-09-30/75236.html。

活空间宜居适度、生态空间山清水秀。

要树立"紧凑城市"的理念。强调功能上的紧凑、不同功能的空间融合，在有效节约用地、合理布局城市功能之间寻找平衡点。要加快"城市大脑"的建设，合理布局以步行、非机动车系统与公共交通系统为主体的区域交通体系，实现城市形态的紧凑。以公共交通节点为中心，结合商业、办公、住宅等综合用途进行集约型开发，合理利用轨道交通节点，设置商业区、商务办公区及文化、体育、娱乐设施。

要树立"商务花园"的理念。随着城市化进程的加快，城市中心区用地愈发紧张、交通日益拥堵、楼宇租金日渐昂贵。与此同时，城郊地区基础设施建设逐步完善，为产业地产的发展提供了新机遇。要大力推进城市发展由以前的"造楼""造城"向"造环境""造生态"转变，尤其是天然的临山、临水区域，更要注重低密度商务楼宇的开发，以"靠山、亲水、造绿"的理念，推进建筑密度和容积率较低、产品形态独栋为主、建筑风格独具个性、拥有花园式生态环境的商务花园、商务别墅等个性办公产品的有效供给，以满足高端客户群体的需求。

◀ 2019年3月28日，在2019全球企投家峰会上，与著名财经作家吴晓波交流。

▶ 2019年6月12日，在第五届中国楼宇经济峰会上，为"2018中国楼宇经济创新奖"获得者颁奖。

▶ 2019年8月9日，与南京鼓楼区区长吴炜交流。

◄ 2019 年 8 月 9 日，在南京市鼓楼区创新发展恳谈会上，与南京鼓楼区区长吴炜、副区长高军玲合影。

◄ 2019 年 8 月 19 日，陪同日照东港区楼宇经济考察团参观杭州钱江新城城市阳台。

◄ 2019 年 9 月 24 日，在 2019 昆明市楼宇经济论坛上，与昆明盘龙区委书记孙杰、区长沃磊交流。

09

楼宇经济"未来已来"：
从高速增长到高质量发展

楼宇经济从1.0时代迈向2.0时代的10年，适逢中国经济高速增长时期，楼宇经济不可避免地带有粗放式发展阶段的共性色彩，而楼宇经济2.0时代，恰逢中国经济从高速增长转向高质量发展时期，势必要从当初的粗放式发展转向集约式发展。

——夏效鸿

"这是最好的时代，也是最坏的时代。"英国作家查尔斯·狄更斯在《双城记》中开篇的这句话，用在楼宇经济发展上似乎也很适合。最坏的时代，是说在经济环境趋紧、资源要素紧缺等因素的叠加下，原先粗放式发展的房地产时代遗留下的问题逐渐暴露；最好的时代，是说每逢行业低迷或产业转型之际，总会倒逼、催生出新的运营模式。

如果说，2019年之前，我们更多地在关注、讨论如何建设楼宇、如何"去库存化"、如何招商引资；那么2019年之后，我们就应该去思考、去落实如何管理楼宇、如何运营楼宇、如何提升效益。所以，我们说，2019年是楼宇经济发展史上具有里程碑、风向标、分水岭意义的一年，是中国楼宇经济发展史上新纪元的启幕之年，或者说是楼宇经济高质量发展的"元年"。它标志着楼宇经济正式告别高速增长的1.0时代，开始迈向高质量发展的2.0时代。

种种迹象表明，房地产业正从过去产品单一、模式单一、大规模外延式扩张的"开发时代"进入全产品线、全价值链、全商业模式的"后开发时代"。当年的房地产商们摇身一变，开始在商务楼宇、购物中心、仓储物流、教育研发、医疗健康等细分领域展开新一轮竞争。可以预见，在不久的将来，楼宇经济旧的发展方式与发展模式将被淘汰，新的运营主体与运营秩序将闪亮登场，从而掀起一场浩荡、恢宏的楼宇经济革命。

楼宇经济发展步入2.0时代

从全国楼宇经济发展情况看，目前，三、四线城市的核心区、部分较发达的县城楼宇经济正处于楼宇经济发展的"初始期"；二线城市的核心城区和部分一线城市的非主城区，楼宇经济发展正步入"成长期"；而一线城市的核心城区楼宇经济发展已进入"成熟期"。楼宇经济总体呈现"一线城市在提高中发展，二、三线城市在发展中提高"的格局，逐步从以往的比硬件、比地段、比租金转向比软件、比环境、比服务，从原来的注重生产转向注重生产、生活、生态，从原来的注重经济效益转向注重经济效益、社会效益、人文效益、生态效益。从这个意义上说，楼宇经济正呈现硬件"智慧化"、软件"个性化"、诉求"多元化"的发展态势，形成载体、功能、产业、要素、空间、模式、物业、管理、效益等全方位的"升级版"，步入发展的2.0时代。具体表现出以下几个方面的特征：

第一个特征，是硬件"智慧化"。楼宇经济2.0时代，"智慧化"成为现代楼宇的典型特征。楼宇因"智慧化"而改变、因互联网而改变，楼宇经济也因楼宇载体、功能、空间的变化而呈现新的发展趋势。一是从独立到融合的载体2.0。随着城镇化推进、城市有机更新、产业转型升级，楼宇经济从过去依靠单幢楼宇单打独斗的零散式发展，逐渐向商圈、专业市场、特色街区、产业园区、特色小镇集聚，依托"楼宇＋专业市场""楼宇＋特色街区""楼宇＋产业园区""楼宇＋特色小镇"的融合发展，形成了产业集聚区、中央商务区、特色商圈、特色小镇等不同形式的载体，承载着新一轮的楼宇经济发展。二是从"智能"到"智慧"的功能2.0。从诞生之日起，商务楼宇经历了半个多世纪的发展历程。20世纪50—80年代初多为自成体系、自用型的普通型商务楼宇；八九十年代的楼宇基本可分层分区出租出售，实现了楼宇物业的商业化，但大部分城市以商业、商务、商住等不同组合形式的综合型楼宇居多。21世纪初期"楼宇经济"概念被提出后，楼宇的经济功能逐渐受到重视，纯商务楼宇逐年增多，商务楼宇功能更加智能化，不同程度地融合了个性化办公、贴心化服务、国际化配套，许多高端楼宇逐渐实现"智慧化"运营。三是从"独用"到"共享"的空间2.0。在楼宇经济2.0时代，人们更注重公共空间的共享，"企业平台化、员工创客化、用户个性化"的自循环生态圈正在形成。在楼宇总体布局上，摒弃了以前商业是商业、商务是商务的"分割式"独立分布格局，而将餐饮、娱乐、健身、休闲、书吧等公共设施嵌入其中，形成融商业、商务于一体的城市综合体，为商业商务运营提供设施配套。在国家"大众创业、万众创新"的号召下，涌现出许多众创空间、新型孵化器及由废弃仓库改造而成的创意办公空间。楼宇与楼宇之间、楼层与楼层之间、区域与区域之间的空间设计更加注重员工之间的互动、交流，公共区域、公共部位的预留、设置融入了平等、开放、分享等新理念。

第二个特征，是软件的"个性化"。楼宇经济2.0时代，楼宇发展的重点已从以前的注重硬件建设转向软件提升、从大拆大建转向运营管理，并呈现个性化、人性化、人文化特征。一是从"散栖"趋向"群居"的产业2.0。楼宇经济2.0时代，楼宇中集聚的产业已从一家一户企业"散栖式"的空间集聚，发展到以某一产业为主导、有效融合资本、人才、技术、管理、文化等要素的上下游产业链的"群居式"联动发展，产业业态也从以前单纯的现代服务业拓展为都市工业、现代农业，从而形成"特色楼宇""特色街区""特色园区""特色小镇"等不同形式的产业集聚区。二是从"单一"趋向"多元"的要素2.0。随着经济、科技的发展和低碳、环保理念的倡行，商务楼宇逐步向智慧化、个性化、人性化方向演进。在楼宇经济2.0时代，商务楼宇入驻的目标客户更明确、景观要求更高、商务空间更多、提倡绿色环保和高智能化。这时的商务楼宇已经不再单单是办公场所，而是更注重硬件品质、软件服务、产业细分，更多地融入了文化、科技、服务、管理等元素，集办公、休闲、社交于一体。三是从"固定"趋向"钟点"的模式2.0。"互联网＋"在一定程度上推动了楼宇经济2.0时代商务办公模式的变革。为满足不断趋于碎片化、个性化、多元化的用户需求，楼宇物业逐渐从原来的分割出租、整体转让、整层出租向"联合办公""柔性办公""个性办公"转变，企业办公模式也从以前的"8小时坐班制"发展成"商务办公钟点房"等。

第三个特征，是诉求的"多元化"。在楼宇经济2.0时代，无论是地方政府、楼宇业主还是物业管理公司，对楼宇的诉求都发生了变化，从以前的建楼卖楼、片面追求租金增长、片面追求经济效益，转向追求长远持有、追求永恒收益、追求经济社会人文生态的综合效益。一是从"租售并举"向"企业自持"转变的物业2.0。商业商务楼宇正由开发企业租售并举阶段向物业持有主体与运营主体分离、通过资产证券化实现对物业的持有经营阶段。从当前现状看，一、二线城市核心地段商业基本实现自持、商务楼宇自持比例持续上升，一线城市郊区和二线城市的部分非核心地段会以租售并举的产品为主。只有在三、四线城市会存在大量散售项目。二是从"粗放式管理"向"管家式服务"转变的管理2.0。随着竞争的加剧，商业商务地产的运营管理从以前"看门、扫地、防小偷"的粗放式管理，向注重节能、绿色、环保、个性的"管家式服务"转变，物业管理更加关注细节、关注个性需求、关注用户体验。三是从注重经济效益向注重经济社会人文生态效益并举转变的效益2.0。地方政府对楼宇经济的发展诉求从最初的追求税收亿元楼宇、税收千万元楼宇、楼宇"亩产率"、税收"贡献率"等经济指标，逐渐转向追求楼宇经济对区域经济的拉动、对城市品位的提升、对就业增长的促进、对城市文化的传承、对城市生态的引领等经济、社会、人文、生态综合效益。

我也注意到，有人提出了"楼宇经济3.0"的概念，甚至说楼宇经济已经发展到了5.0，这都只能是一家之言。许多时候，抛出一个观点很容易，但得有论据的支撑，得让人觉得是那么回事，不能信口开河，更不能"博眼球"。尤其是在学术界，你的观点要能经受住别人的反驳，甚至是历史的检验。在我看来，楼宇经济从1.0时代到2.0时代大致经历了10年的历程，而楼宇经济3.0时代应该是未来10年的发展方向，大致也将经历10年左右的时间。

从"一枝独秀"到"春色满园"

无论是一线城市的2005年到2015年，还是二线城市的2008年到2018年，1.0时代的楼宇经济都以其高端性、高集聚性、高效益性特征，为城市增添了个性的魅力、发展的活力、转型的动力，从而在中国楼宇经济发展史上写下了浓墨重彩的一笔。

回顾楼宇经济从1.0时代迈向2.0时代的10年,恰逢中国经济高速增长时期,楼宇经济不可避免地带有粗放式发展阶段的共性色彩,而"楼宇经济2.0时代"适逢中国经济从高速增长转向高质量发展时期,楼宇经济势必要从当初的粗放式发展转向集约式发展。因此,2019年是楼宇经济发展史上的一个重要时间节点,是中国楼宇经济发展史上的里程碑。回望这一发展历程,楼宇经济10多年的发展"足迹"清晰可见:

从2005年前后楼宇经济在上海、深圳等一线城市的星星点点,到2008年前后二线城市楼宇经济的快速发展,再到2012年前后三、四线城市甚至发达县城楼宇经济的燎原之势,以及2018年前后拉萨、银川、乌鲁木齐、哈尔滨等城市核心城区楼宇经济的大力发展,10多年间,楼宇经济已在全国省会城市、副省级城市实现了全覆盖。可以说,楼宇经济的"大花园",已从当年个别城市的"一枝独秀",发展到如今诸多城市的"春色满园"。主要体现在三个方面:

第一是时间上的"渐入性"。纵观楼宇经济的发展历程,可以发现,楼宇经济在一、二、三线城市的起始时间是不一样的,而且一、二、三线城市是渐次迈入楼宇经济1.0时代的。即使是同为综合实力一线城市的上海、深圳、北京、广州,甚或是二线城市的杭州、南京、天津、青岛,其起始时间也不一样。同样,各城市进入楼宇经济2.0时代的时间也不一样。这一定程度上也与各地产业转型发展速度相一致,毕竟产业的发展与城市的发展是紧密相关的。

第二是发展上的"渐进式"。楼宇经济发展较早的一线城市上海、深圳,从2005年到2015年的10年,提前走过了扩张化建设楼宇的周期,转向了精细化运营楼宇阶段;而杭州、天津、南京、青岛、厦门、成都、长沙等二线城市,在2008—2018年的10年则处于建设楼宇与运营楼宇的交汇期;三、四线城市则从2012年前后开始商务楼宇的大规模建设，从而进入楼宇经济发展期。因此，从总体上看，楼宇经济发展格局上是"渐进式"的，处于"一线城市在提高中发展，二、三线城市在发展中提高"的阶段，而一线城市的发展应该是有品位的发展，二、三线城市的提高也应该是有质量的提高。但不管从哪个角度而言，楼宇经济都到了该提升的时候。

第三是效益上的"渐次感"。深圳、上海等一线城市，已逐渐淡化楼宇经济效益这一单一、纯粹的经济属性，而开始重视楼宇的社会效益、人文效益、生态效益等"社会属性"。相比之下，三、四线城市则对楼宇的经济效益强调得多，更看重的是楼宇能给地方政府带来的税收。毕竟，经济是基础。当经济属性发挥到一定程度的时候，楼宇的社会属性才会受到重视。这样的发展有一个过程。从另一个角度上看，楼宇的效益也因城市的大小、区位、能级、发展程度的不同而呈现出不同的层次。

从"素描写意"的1.0到"工笔细画"的2.0

如果把楼宇经济1.0时代和2.0时代作个简单对比的话，1.0时代的楼宇经济仿佛西方流派中注重物体形态感、体积感的素描图，2.0时代的楼宇经济则是中式古典绘画中注重线条准确性、流畅性的工笔画。与1.0时代单纯追求楼宇的经济效益相比，2.0时代的楼宇经济已形成载体、功能、产业、要素、空间、模式、物业、管理、效益等全方位的升级，给城市发展带来了新的生机和活力。

首先，是楼宇分布从分散逐渐走向集聚。在楼宇经济2.0时代，楼宇中集聚的产业已从一家一户企业"散栖式"的空间集聚，发展到以某一产业为主导，有效融合资本、人才、技术、管理、文化等要素的上下游产业链的"群居式"联动发展，产业业态也从以前单纯的现代服务业拓展为都市工业、现代农业，从而形成特色楼宇、特色街区、特色园区、特色小镇等不同形式的产业集聚区。

其次，是楼宇管理从粗放逐渐走向精细。决定一幢楼宇或一个楼宇集群品质的，往往不是初期的建设水平，而是后期的运营、管理水平。当前，中国的城市化已进入下半场，城市发展也逐渐从地域扩张、注重硬件的建设期转向精细化、精准化管理的治理期。

最后，是楼宇效益从单一逐渐走向多元。地方政府对楼宇经济的发展诉求从最初的追求税收亿元楼宇、税收千万元楼宇、楼宇"亩产率"、税收"贡献率"等经济指标，逐渐转向追求楼宇经济对区域经济的拉动、对城市品位的提升、对就业增长的促进、对城市文化的传承、对城市生态的引领等经济、社会、人文、生态综合效益。

楼宇经济的"三大高地"：产业、要素、人才

楼宇经济发展直接或间接形成的城市的聚变引力、乡村的裂变推力和城市的辐射张力，成为城市"经济密度"演化的内生动力，在不同的发生区域和同一区域的不同发展阶段，对"经济密度"演化产生着不同的影响。"向空中求发展"的楼宇经济形态不仅大大提升了城市的"经济密度"，还使大量的产业、资本、管理、人才等要素在一幢幢楼宇或楼宇集群中集聚，从而构筑起城市发展的"三大高地"：

楼宇经济构筑起产业的"集聚地"。商务楼宇的集群式发展构筑起的"洼地效应"，不仅汇聚了金融、地产、文创、咨询、外贸、电商、培

训、信息、物流等现代服务企业，还促进了同类产业、相近产业、关联产业的扎堆发展，衍生出信息服务、财务服务、咨询服务、后勤服务、法律服务等多方面需求，从而形成了产业的"虹吸效应"，带动了周边区域商业、会展、旅游、文化、娱乐、休闲、餐饮等行业的快速发展。

楼宇经济构筑起要素的"集中地"。楼宇经济是一种载体经济。一幢幢楼宇如同城市中一个个强大的"磁石"，将产业、人才、资本、信息、技术、服务、文化等要素吸引到一个个集约的空间内，形成强大的资金流、人才流、信息流，从而带动上下游产业的链式发展。

楼宇经济构筑起人才的"集散地"。如果说过去中国制造业的发展得益于人口红利，未来现代服务业的发展靠的将是人才资源。人才和资本一样具有高流动性，资本流动以逐利为导向，人才流动则以发展为导向。楼宇经济集聚的是高端的产业、高端的管理、高端的技术，它带来的也是高品位的环境、高品质的管理、高效能的服务，而这些处于产业链高端的产业、管理、技术等要素，需要有高端的人才去实施和完成。楼宇经济催生了一大批职业经理人和高级白领，他们是城市发展中非常重要的一笔财富。因此，一幢幢高端的现代楼宇，在一定程度上充当了城市的人才"集散地"的功能。

楼宇经济引领质量、效率、动力"三大变革"

从某种意义上说，城市经济就是楼宇经济。楼宇经济发展与城市发展是相辅相成、互为促进的，一定程度上甚至可以说是"一损俱损、一荣俱荣"的关系。城市发展得好，能为楼宇经济发展提供条件、配套和空间；楼宇经济的高质量发展，也会从一定程度上引领城市的质量变革、效率变革、动力变革。

楼宇经济引领了城市的质量变革。10年历程，改变了楼宇经济发展的动力结构，极大地提升了楼宇的建设质量、运营能力、管理水平。而优质的楼宇产品、楼宇服务，对城市品位、城市品牌也是一个较大的提升。这也就是为何大都市的楼宇与小城市的楼宇、高端楼宇与低端楼宇存在着很大不同。

楼宇经济引领了城市的效率变革。伴随着楼宇经济发展进程，人们逐渐意识到，楼宇经济对城市的贡献是多方面的，不仅仅是GDP、税收等经济效益，还有社会效益、人文效益、生态效益、党建效益。这就促使人们不再片面地去追求GDP、追求税收产出，而是通过资源要素的集约化利用和创新，实现楼宇单位面积效益的最大化。

楼宇经济引领了城市的动力变革。由于土地等要素的限制，城市只能 "向空中求发展"。在有限的空间里，要产出高效益，唯有 "螺蛳壳里做道场"。这就在一定程度上激发了城市的内生动力，迫使城市发展从原来的粗放式转向集约化，从依靠资源、投资、要素的旧动能转向依靠创新、人才、资本、管理等要素的新动能来支撑经济从高速发展转向高质量发展。

从 "楼宇建设时代" 迈向 "楼宇运营时代"

2019年对于楼宇经济而言，注定是个具有划时代意义的 "分水岭" 之年。

楼宇经济2.0时代，一、二线城市的大规模建设将基本告一段落，城市发展的兴奋点将转向如何让在过去大拆大建中建成的大体量楼宇不再闲置，如何让已建楼宇产出更高的效益。同样，人们不再攀比城市中高楼大厦的多寡、高低，而更看重城市的"经济密度"、物业的运营管理和楼宇的"亩产效益"。政府提供土地、开发商盖楼卖楼的粗放式发展时代一去不复返了，宜居城市、智慧城市、绿色城市成为人们的向往和追求。而这些都要靠楼宇运营来实现，需要城市运营商来提供。驱动楼宇建设时代迈向楼宇运营时代的动力，源于三大影响因素。

影响因素一：发展时代的"变革"。政府鼓励物业资产自持的政策倒逼，市场的成熟和金融创新的保障，使楼宇经济发展不仅仅局限于楼宇产品本身，而更关注多元化的服务、精细化的运营、平台化的整合，发展楼宇经济成为打造产业生态圈和产业环境的代名词。可以说，高质量发展的楼宇经济2.0时代，必将引领城市发展从过去拼政策、拼土地、拼资金的"硬性肉搏"时代，向拼人才、拼资源、拼数据的"柔性博弈"时代转变。

影响因素二：产业政策的"变迁"。在楼宇经济10多年的发展历程中，几乎每一个城区政府都出台了相关的产业扶持政策，涉及奖励门槛、购（租）房、物业管理、特色楼宇、楼宇运营、楼宇改造、楼宇业主、政府服务等多个方面，可以说是"凡进即补""凡优必奖"。但在"大气候"的宏观环境与"小气候"的财政风险双重压力下，地方政府明显感受到了政策激励与政策预期的差距，随之而来的是政策门槛的明显提高、政策趋向的明显分化，逐渐由之前的"普惠制"转向"定制式"，加大了准入门槛、税收贡献度、全周期的运营管理上的考核力度，这一定程度上大大提高了楼宇的"选商"能力。

影响因素三：办公模式的"变异"。互联网的广泛应用，打破了"8小时坐班制"的传统办公模式，许多"轻资产"企业只需短期租用、临时租用甚至无须租用办公室，仅靠一台手提电脑或一部手机就可以实现企业的正常运营，从而大大节省了企业的商务成本。大约自2015年起，租期灵活、租金低廉、个性定制、服务完善的"联合办公""柔性办公""商务钟点房""虚拟办公室""众创空间"在国内兴起，除了引进的"洋品牌"，许多本土品牌也如雨后春笋般出现。这是一种趋势。新的办公模式的兴起，无疑将给商务楼宇的"房租客"、靠赚租金差价的"二房东"模式带来很大的冲击，楼宇的运营模式也随即发生了变化。

经济密度："老概念"被赋予"新内涵"

随着高质量发展理念的提出，一个颇有新意的词汇——"经济密度"迅速升温。无论是政策文件、新闻报道还是会场内外，"经济密度"都被不断提及，成为一个高频词汇。

顾名思义，"经济密度"是区域生产总值与区域面积之比，意指"单位面积土地上的经济产出"，表征了城市单位面积上的经济活动的效率和土地利用的密集程度，也就是人们口中所说的"经济亩产量""亩产效益"等。其实，"经济密度"一词早在改革开放初期就被提起过。在高质量发展理念下，"吨位决定地位"论正在被"亩产论英雄"论所取代。"经济密度"老词新用，使老概念被赋予了新内涵。某种意义上说，提升"经济密度"，就是在追求高质量发展。

评判一个城市发达不发达，不能光看GDP、"总产量"。有的城市GDP很高，但这是由面积大、人口多造成的。有的城市面积很小，人口也不多，但是GDP却很高，这样的城市"经济密度"就很高。如何看待"经济密度"？"经济密度"将对城市高质量发展产生怎样的影响？楼宇经济该如何发力？这些应该会成为决策者、研究者、参与者共同关心的话题。

如果说"经济密度"对应的，是一个以"经济产出"为分子的分数，那么，如今其分母已从土地面积拓展到人力、能耗、环境等要素。近年来，浙江、上海、江苏等地相继提出"以亩产论英雄""以效益论英雄""以能耗论英雄""以环境论英雄"的理念，就是希望在未来发展中，不单纯片面追求经济总量和城市规模，而是更加注重在提升"经济密度"的过程中做大经济总量，这为经济发展确定了新标准、新导向。

毋庸置疑，要提升"经济密度"，就必须提高土地资源、人力资本、环境资本的利用率。荷兰南部城市埃因霍温的高科技园区，被誉为"欧洲最智慧的1平方公里"。整个园区形成了一个由跨国公司与中小企业、初创企业、研究机构和服务型企业组成的完整创新生态系统，有超过140家企业入驻，聚焦了来自85个国家的10000多名高科技人才，他们平均每天生产4项专利，占全荷兰新增专利数的40%，每年园区组织500多场针对高质量人群的社交活动。因为主张开放式创新的知识体系和研究机构，它被视为"全欧洲举足轻重的科技园区"。对于我们而言，这是一种启示。

事实上，土地、人口、环境……这些都对应着未来经济持续发展所必须守住的几条底线。当前，越来越多的城市关注"经济密度"，是因为它们意识到，经济规模是城市竞争力的基础，没有足够的经济体量，辐射力和影响力可能很难施展。有关资料显示，上海全域的单位面积GDP为人民币4.75亿元/平方公里，深圳已达人民币11.2亿元/平方公里，纽约更是达到11.4亿美元/平方公里。[1]要提升城市的竞争力、影响力，就要在提高"地均GDP"和"人均GDP"上下功夫，以"经济密度"说话。这大概也是上海提出"以经济密度论英雄"的初衷吧。

---

① 张懿：《实现高质量发展，上海如何以"经济密度"论英雄》，《文汇报》2018年6月30日，http://wenhui.news365.com.cn/html/2018-06/30/content_670636.html。

楼宇经济既要看"总产"，又要看"亩产"

　　如何衡量楼宇经济的发展效益？历年来，我们都从三个维度来考量：一是考量综合效益。看楼宇经济发展为城市发展所能带来的经济效益、社会效益、人文效益、生态效益的总和。如果某个单方面的效益差一点，但综合效益不错，那也表明楼宇经济发展总体状况不错。二是考量税收"总产"。这就是看楼宇经济能产生多少税收、能为地方财政提供多大贡献，以及每平方米楼宇面积的产税情况。从目前发展状况看，上海、深圳等地的部分城区地方财政收入的80%左右来自楼宇经济税收，每平方米楼宇面积年税收贡献达5000元以上；杭州、宁波、南京等地部分城区的楼宇税收占地方财政收入的比例基本保持在50%左右，每平方米楼宇面积年税收贡献在4000元左右。三是考量税收"单产"。即单体楼宇或单位面积的税收贡献。近年来，各地楼宇经济对地方经济的贡献率逐渐增大，涌现出许多税收"千万元楼""亿元楼""十亿元楼"等。北京、上海、深圳等地一幢楼宇一年的税收收入可达几十亿元甚至几百亿元，相当于一个县级城市、地级城市一年的财政收入，可谓是"金矿中的钻石矿"。因此，楼宇经济被称为都市里"垂直的街区""屹立的开发区"，就不足为奇了。而考量税收"单产"，就是考量"经济密度"，是"亩产论英雄"理念的真正落地。

　　那如何做大楼宇的税收贡献？可从三个方面入手：一是要"梯度培育"提总量。对区域内的楼宇经济发展实行"梯度培育"，加强对区内重点楼宇的跟踪分析，密切关注"亿元楼"、"千万元楼"、新建商务楼、更新改造商务楼，提前介入、分类施策、个性服务、逐案优化，提升成熟"亿元楼""千万元楼"的能级，助推"准亿元楼""准千万元楼"晋级，扩大"亿元楼""千万元楼"的后续储备。二是要"腾笼换鸟"创增量。统筹利用现有的楼宇资源，将优势资源向优质企业倾斜，用优质楼宇资源引进优质企业，力求以有限空间创造出几何级的经济增量。对历史文化深厚、环境资源独特的城区，可依托老大楼、老洋房、老厂房、老场馆等独特楼宇资源，充分满足个性化需求，让"旧楼宇"重新焕发"第二春"。三是要"因楼制宜"活存量。针对现有存量资源，科学制定楼宇整合、改造、提升方案，加大政策支持力度，鼓励楼宇产权单位通过包装策划、置换改造等形式，使闲置楼宇、效益不高楼宇等"重焕生机"，降低楼宇的"空置率"。

楼宇经济：以亩产论英雄

"亩产"是农业领域的概念，指的是农产品的产量、种植业的效益，类似于经济学领域的"经济密度"。2018年年初，浙江省政府发布的《关于深化"亩均论英雄"改革的指导意见》明确提出，到2020年，全省所有工业企业和规模以上服务业企业以及产业集聚区、经济技术开发区、高新区、小微园区、特色小镇全部纳入"亩产效益"综合评价，旨在加快推动经济发展质量变革、效率变革、动力变革。

21世纪初期，我们就提出楼宇经济发展要注重"亩产税收""亩产效益"的理念。在2010年出版的全国第一部楼宇经济专著《楼宇经济发展研究》中，我们就将"亩产税收""税收贡献率"作为楼宇经济发展水平评价指标体系中的指标之一。应该说，这是"亩产论英雄"在楼宇经济领域的早期应用与实践。

无论是"亩产效益"还是"亩均效益",无论是"亩产论英雄"还是"亩均论英雄",表达的都是同一个意思。"亩均论英雄"改革,从某种程度上说是一种"倒逼机制"。作为一项对考核经济发展评价的改革举措,"亩均论英雄"既强调总产量,又强调单位产出,弱化的是速度情结,强化的是质量关切,其本质是以最小的资源环境代价,获得最大的产出效益。对于楼宇经济而言,多年来我们所强调的"平方米税收"、"亩产税收"、税收"亩产率"、财政"贡献率"等指标,就是在践行"亩均论英雄"的理念。

正是楼宇经济的快速发展,让越来越多的企业在楼宇中集聚,最大限度地利用了城市特别是中心城区的优势资源,使城区以较小的投入,获取了更多的单位面积增加值、税收、就业等,提高了中心城区的"经济密度"。某种意义上说,也许正是楼宇经济的出现和发展,让"亩产论英雄"变得更加紧迫和可行。因此,"平方米税收"、"亩产税收"、税收"亩产率"、财政"贡献率",正成为越来越多的城市楼宇经济的发展理念和评判楼宇经济发展质量的重要指标,也是城市经济的发展理念和评判指标。可以说,"亩均论英雄"作为一种发展新理念,按下了向高质量发展进军的"快进键"。在新的"指挥棒"之下,城市发展必将由以前的"规模为王"向"单位产出为王"转变。

田园城市:城市发展"新样板"

"田园城市"是被誉为"花园城市之父"、英国"田园城市"运动创始人的20世纪英国著名社会活动家埃比尼泽·霍华德提出的关于城市规划的设想。这一概念最早是在1820年由著名的空想社会主义者罗伯特·欧文提出的。田园城市与带形城市、方格形城市、工业城市并称为19世纪"四大城市"设计理念。"田园城市"实质上是城和乡的结合体。受此启发，人们又提出了"田园综合体"的概念。

埃比尼泽·霍华德在1898年出版的著作《明日，一条通向真正改革的和平道路》（1902年修订再版后更名为《明日的田园城市》）中认为，应该建设一种兼有城市和乡村优点的理想城市——他称之为"田园城市"——以避免"城市病"的发生，以使人们更好地在其中工作和生活。这部具有世界影响的著作，曾被翻译成多种文字，流传全世界，田园城市运动也发展成为世界性的运动。除了英国的莱奇沃思（Letchworth）和韦林（Welwyn）两座田园城市之外，奥地利、澳大利亚、比利时、法国、德国、荷兰、波兰、俄国、西班牙、美国，都建设了"田园城市"或类似称呼的示范性城市。英国皇家科学院院士、欧洲科学院院士彼得·霍尔在为纪念埃比尼泽·霍华德的《明日的田园城市》出版100周年而写的《社会城市：再造21世纪花园城市》中，重新审视了霍华德的思想及其对当今城市规划的作用和影响，强调从更高、更广的战略角度，从地区甚至国家层面上对城市进行规划。而美国建筑师赖特认为，"只要基地的自然条件有特征，建筑就应像从基地自然生长出来那样与周围环境相协调"。诚然，建筑应该成为人与自然的一场平等对话。

意大利作家伊塔洛·卡尔维诺在《看不见的城市》一书中指出："城市犹如梦境，所有可以想象到的都能够梦到，但是，即使最离奇的梦境也是一幅画谜，其中隐含着欲望、或者其反面——畏惧。"的确，理想的城市被人们以各种各样的方式加以想象，它可能是田园城市，也可能是虚拟空间，可能会隐藏在各种真实的和虚拟的高墙背后，也可能处于相对抗的再现空间之中。21世纪初期，距离"田园城市"概念提出将近100年的时候，四川成都、浙江衢州、海南琼海、江苏太仓、江苏无锡、陕西西咸新区等城市和地区，相继提出建设"田园城市"的目标并开始付诸行动。而2009年四川省成都市提出了"建设世界现代田园城市"城市发展定位，使其成为全国最早提出以打造"田园城市"为目标的城市之一。

长久以来，车水马龙、高楼林立的都市生活，让人们觉得"绿树村边合，青山郭外斜"的田园美景、风吹稻浪的感觉都只存在于诗歌中、存在于儿时的记忆里。因为生活在繁华都市中的人们的双眼离开平静的绿色太久了，人们往往会为了欣赏一片油菜花、一处庭院风景，不惜驱车上百里路，而这些在过去的农村几乎是随处可见的景象。"三十年河东，'四十'年河西。"40年前，成为城里人几乎是每一个农村孩子的梦想；40年后，城市里的人们却发出了"逃离北上广"的哀叹。可见，这些年，人们在得到的同时，也正在失去。不知是否可以套用钱钟书的《围城》中"围在城里的人想逃出来，城外的人想冲进去"这句话来形容人们对待城市的复杂心情，但有一点是可以肯定的，就是如今人们从城市回到农村，要比当初从农村来到城市难得多。

事实上，一个清新蓬勃的城市，必然要包括充满生机的田园，就像有价值的人生必然要有健康的体魄一样。如何将田园城市的理想、有机生长的理念与特定地域的历史文脉结合起来，形成有生命力的城乡生活体验，成为人们需要思考的一大课题。而"建设生态型田园城市"构想的提出，旨在通过对土地的节约集约利用、对耕地的保护和对城市建设、空间布局、土地利用的统筹，让城市与田园相互滋养、文化与田园融合发展、田园与产业交相辉映，既能让市民感受到农村的田园气息，又能让农民享受到城市的生活品质。对于中国城市来说，这是从生态文明角度对城市发展所做的总体规划，必将成为城市发展的"新样本"。

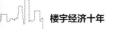

地产运营商正走向城市舞台中央

各地发展的实践证明，40年改革开放的进程，也是地区之间的GDP你追我赶的过程。在一波波的"比学赶超"中，许多城市的楼越盖越高、地皮越炒越贵。正是这种以房地产商为主角的粗放式发展，让城市发展保持了10多年的高速增长，但房地产的"黄金10年"也让城市累积了大量的闲置楼宇。当然，如果不是城市中建造了这么多的闲置楼宇，就不会有"楼宇经济"这个名词的诞生。从这一点上说，楼宇经济的诞生得感谢房地产商们。

楼宇经济1.0时代也是商务地产疯狂扩张的时期。在这一时期的楼宇经济发展过程中，普遍存在"重建设轻管理""重税收轻运营"的问题，地方政府往往对楼宇税收提的要求多、考核得多、奖励得多，而很少思考税收到底该从何而来、该如何持续、未来的增长点在哪。就像农民种田，只关注秋天的田里收了多少稻子，却不去关心夏天该何时施肥、何时除草、何时灌水。

"屁股决定脑袋。"因为职业、身份、岗位、目的的不同，在对待城市发展的问题上，开发商和运营商扮演着两个截然不同的角色，承担着城市发展阶段的两种不同的任务。如果说城市开发商关注的是城市的前期建设，那么城市运营商注重的则是城市的后期管理。也许正因如此，才有了城市发展进程中的两种不同的思路与模式的诞生。

作为承载现代服务业、都市工业、现代农业发展的楼宇经济，体现的就是一种运营城市的理念，它倡导的是有机更新、可持续发展、不做"一锤子买卖"。而这正好契合了高质量发展的理念。

"联合办公"进入"诸侯争霸"的"战国时代"

"联合办公"是共享经济的产物。福雷斯特（Forrester）公司的调查数据显示，2010年全球范围内有3.8亿移动办公人群，到2015年上升至6.5亿人，2016年、2017年流动办公的需求从个人、中小企业向大企业转变，共享办公空间增长率高达30%。

从全球范围看，以时间、空间的灵活而见长的联合办公呈井喷式、爆发式增长，一定程度上也是因它适应了当下的数字化、技术化革命。商务人士紧紧跟随这个趋势，他们不再拘泥于传统的固定办公模式，而是跟上了现代步伐。

2015年，以联合办公、众创空间为代表的"共享办公"在国内兴起，上海、深圳、广州、北京等城市不仅登陆了WeWork、雷格斯、世服宏图等国外品牌，还相继涌现出优客工场、SOHO 3Q、无界空间、柴火创客空间等本土品牌，从而激发了"联合办公"的分享精神和创新思维。此后，"共享办公"一哄而起，遍地开花。至2017年年底，全国大同小异的联合办公、"众创空间"数量就超过了4300家，这些"舶来品"的共同特征都是空间共享、租金便宜、租期灵活。

"联合办公"在中国的快速发展与国内所提的"双创"背景的触动是分不开的。创新的"轻资产"办公理念使整个楼宇包含了全产业链、打造众创服务平台的运营模式，不仅满足了作为主要客户的初创型企业的需求，越来越多的成长型企业及成熟型企业也开始接受办公空间"轻资产化"。于是，联合办公空间吸引的多元化客户群，不断构筑着高效的楼宇经济新生态。

在市场需求支撑、多轮融资成功、地方政府鼓动的"强心针"作用下，联合办公、众创空间在国内刮起了一阵阵旋风。2018年，国内一、二线城市联合办公的网点数量以超过50%的速度增长。但好景不长，"繁华过后是落寞"。从2016年的"百家争鸣"，到2017年的"优胜劣汰"，再到2018年的"精耕细作"，短短几年时间，联合办公就已陷入了刀光剑影的"战国时代"，接下来将会经历"大鱼吃小鱼"的"整合期"。众多的小型联合办公企业要么走向倒闭，要么"抱团取暖"。所以，我们说，"联合办公"对于楼宇市场而言，已从一道"填空题"变成了一道"选择题"。在新一轮的大"洗牌"中，市场、资源、资本、业务都开始向"头部企业"集中，"二八法则"逐渐显现，直至形成"三国鼎立"或"一王独大"的局面。

"联合办公"的兴衰应该引起我们的深思。许多时候我们推动工作前都缺少系统的思考，"钻头不管屁股"，人云亦云地随企业起舞。就"联合办公"而言，在当前国内楼宇空置率不低、个人创业氛围不浓、工位租金水平不高、政府补贴"供养"不济的氛围下，联合办公、众创空间到底能有多大的市场、能够在多大程度上产生作用，值得探讨。毕竟国内的商务楼宇市场和国外不一样、国内办公群体和国外不一样、人们的生活习惯不一样，一味地效仿别人，甚至搞"拿来主义"，往往都会"竹篮打水"、无功而返。

其实，我们的许多联合办公、众创空间都是靠各级政府的补贴在维持的，其自身并不具备生存下来的能力。如果没有政府政策奖励、资金补贴的"输血"，它们早已"断气"了。但作为一种新事物，有一点是值得肯定的，那就是联合办公的"共享空间"理念为人们的交流、共享搭起了平台。

城市温度：楼宇经济既要"琢磨事"，又要"琢磨人"

诺贝尔经济学奖得主约瑟夫·斯蒂格利茨曾预言：在21世纪，影响人类社会发展进程的两大因素，一个是美国的高科技，一个是中国的城市化。这些年，国内大大小小的城市都在不断地"长大""长高""长密"，甚至不顾城市的"风道"和"地平线"地"野蛮生长"。虽然"地平线"变成了"天际线"，城市变漂亮了、变繁华了，但城市的"宜居性"和"舒适性"却大大降低了。其实，城市的发展绝不能贪图占满空间，更不能贪求速度、迷恋一时秉承的"数字政绩"，而要"留白、留绿、留朴"的"花园城市""田园城市"理念，给后人留下足够的发展空间、绿色环境、山水乡愁。

建筑是城市的活力单元。有关资料显示，1978—2018年，共有约6.5亿人口涌入城市，2017年全国城市贡献近九成GDP、城市消费总量达到19.89万亿元，城市为集中人、物、资金、信息提供了平台，各类产业在城市集聚，城市化已成为中国现代化的重要标志。①

城市是有温度的，就像流着温暖血液的血管，从古代流到今天，温暖着城市里的每一个个体。但现实中常常出现"经济的旺区，文化的沙漠"现象，这曾是历史的喟叹。从某种意义上说，一个城市的高度，不是取决于楼宇的高度，也不是取决于楼宇的"密度"，而是取决于能为在楼宇中穿梭的人们带来的"温度"。因此，人们提出了"建设有温度的城市"的理念。要让你的城市"有温度"，可能得从以下几个方面去努力：

---

① 张国华：《中国城市化下半程，公共服务业决定成败》，引自《财经年刊》2019年。

第一，要让风物之美体现城市的"温度"。城市的温度源于自然之美，更源于风物之美。唯有"城在景中、景在城中""楼在园中、园在楼中"的景与城、城与人、建筑与自然的和谐共生、美美与共、相得益彰，城市的"温度"才更宜人。

第二，要让精神之美体现城市的"温度"。城市是文化的容器、记忆的载体。一座城市能吸引人、留住人的，短期而言是其旖旎的风光，长久而言则是其独特的精神。城市的精神既植于历史，也寓于现实。如果能实现历史与现实的交相辉映，城市一定会更让人心仪神往。

第三，要让人文之美体现城市的"温度"。打造城市宜人的"温度"，核心在于"人"。城市的温度说到底是"人"的温度，取决于一个城市怎么认识人、怎样对待人、如何塑造人。城市一旦有了温度，也就有了迷人的魅力、光彩和气质，才能让更多人在这里感受到满满的归属感、获得感、幸福感。

Vogue Space，楼宇新潮流

无论是现代商业还是现代商务，都离不开一个全新的名词，叫作"场景化"。尤其是移动互联时代，"场景"不是一个简单的名词，它是人与商业关系的重构。所谓场景，其实是一种新的体验，即伴随着新场景的创造，打破原有刻板、老旧的商业模式。而这其中，消费者才是创造价值的灵魂。

最近，一种叫 Vogue Space 的新潮流写字楼正在悄然兴起。Vogue Space，顾名思义就是时尚空间。Vogue Space 一直以来就是世界时尚人士的选择。在国际时尚之都米兰，Vogue Space 是国际潮流风向的诞生地；在东方明珠香港，Vogue Space 成为时尚买手的聚集地；在大都市纽约，Vogue Space 甚或是一家知名设计事务所的创意办公场所……当然，Vogue Space 的功能远不止这些。在伦敦，Vogue Space 同样可以是某个大型机构的精英智囊团办公空间；在日本，Vogue Space 则显得温情脉脉，它可以是一家令人留恋的茶艺工作坊的所在地……

整体而言，相比传统的写字楼产品，Vogue Space 精致开放，包含个性创新的"自由空间"和时尚前沿的"共享空间"，将追求开放空间的时尚精英聚集在一起，让办公成为一种潮流和休闲，同时共享商务配套集合体，为城市高净值人群带来更加自由、灵活、个性、贴心、专属的时尚商务平台，让他们在工作商务和休闲娱乐间无缝切换。Vogue Space 往往都在交通极为便利的城市核心位置，可以让灵感徜徉流淌，做到现代化、高端、时尚的商务生活'一条龙'。

2016年，杭州诞生了第一座定义为"Vogue"的写字楼——杭州高德置地广场 Vogue Space。它的诞生，给全新的商务理念提供了一个触手可及的现实体验场所。在总建筑面积为40万平方米的杭州高德置地广场综合体里，集结了卓美亚酒店、国际时尚购物中心、GT Club 公爵会、飘美术馆，以及打造现代泛商务空间的 Office Mall。在10万平方米体量的时尚购物中心内，集聚了40家餐饮，几十家时尚品牌，多家时尚咖啡馆、茶室，多家儿童教育机构、KTV、影院等娱乐品牌、书店、生活用品店，无缝对接商务人士的工作生活所需。不出这幢大楼，一切风靡世界的商务功能都能被一手掌握。

为了把刻板的空间转换为灵动的活力空间，Vogue Space 在空间规划设计阶段就下决心与传统办公模式割裂，力求让整体氛围都饱含个性创新的"自由空间"、时尚前沿的"共享空间"。Vogue Space 几乎能通达杭州的每一个区域，这些都将使它的客户可以享受顶级商务生活。Vogue Space 正是运用了全新的商务思维，以"小即是大"的商务体验，完成了一整套的空间整合，把传统写字楼变得极具个性化。

▲ 2010年10月23日,受四川省政府邀请参加第十一届中国西部博览会,并在首届中国西部楼宇经济论坛上做"转型升级背景下的楼宇经济与'现代田园城市'发展"主旨演讲。华远集团总裁任志强、国家商务部经济合作研究院研究员梅新育等同台演讲。国家发改委西部开发司副司长欧晓理、四川省政府副省长陈文华、成都市政府副市长王忠林、锦江区委书记周思源、锦江区政府代区长张余松等300多人出席会议。

◀ 2015年6月18日,出席首届中国楼宇经济峰会,并做"'互联网+'时代楼宇经济发展趋势与策略"主旨演讲。

▶ 2016年4月28日,在第二届中国楼宇经济峰会上做"城市有机更新与楼宇经济发展"主旨演讲,与中国宏观经济研究中心主任、原国务院研究室宏观司司长郭克莎,国家信息中心信息化研究部副主任单志广,国家行政学院教授王小广等专家学者围绕峰会主题各抒己见。

▶ 2016年12月8日，出席长沙市人民政府主办的"2016长沙市楼宇招商推介会"并以"着力打造楼宇经济'2.0时代'的长沙样本"为题发表主旨演讲。湖南省商务厅副厅长罗双锋、湖南省工商联副主席肖翔、湖南省商务厅投资促进事务局副局长郭占扬、长沙市政协副主席、市工商联主席彭继球、长沙市人民政府副秘书长邱继兴等领导出席。近300名国内外知名企业代表和嘉宾参加。

◀ 2018年6月6日，出席第四届中国楼宇经济峰会，并做"'2.0时代'楼宇经济高质量发展的理念与战略视野"主旨演讲。

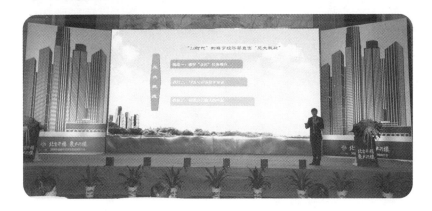

▲ 2018年11月8日，参加"北富开福，聚产兴楼"2018年开福楼宇经济专题招商推介会，并做"把楼宇经济打造成开福高质量发展'新名片'"主旨演讲。开福区委书记沈裕谋，区委副书记、区人民政府区长刘拥兵，杭州下城区政协副主席陈圣杭等领导出席。

▲ 2019年1月2日，参加武汉武昌区"聚产兴楼，筑梦武昌"华中金融城片区楼宇招商推介会，并做"着力打造楼宇经济高质量发展'样板区'"主旨演讲。会议由武昌区区委常委周喜鲜主持，区委副书记、区长余松致辞，区领导周明、邓德智、刘重武及武昌区31家重点商务楼宇、12家楼宇服务企业代表，35家有意在武昌投资和落户的企业代表，以及招商招才大使、校友会代表等150名嘉宾参加。

◀ 2019年6月12日，参加第五届中国楼宇经济峰会，与北京海淀区投资促进局副局长王春生、中关村不动产商会会长张静、广东亚太创新经济研究院副院长张丽娟、全国工商联房地产商会副秘书长刘凯、杭州佑政产业投资研究院院长王志强等，围绕"楼宇经济发展与工业遗产保护利用"峰会主题发表主旨演讲。

◀ 2019年9月24日，出席昆明–南亚东南亚楼宇经济产业发展大会暨2019年昆明市楼宇经济论坛，并做"吹响'2.0时代'昆明楼宇经济再出发'新号角'"。昆明市副市长王冰、盘龙区委书记孙杰、区长沃磊等政府领导、企业家等200多人与会。